REIKI USUI
MÉTODO REI-SHUI
NÍVEL 1

VÓS SOEIS AS MÃOS DE CRISTO

Cristo não tem atualmente sobre a terra, nenhum outro corpo se não o teu;
outras mãos se não as tuas;
outros pés se não os teus;

tu és os olhos com os quais a compaixão de Cristo deve olhar o mundo; tu és os pés com os quais Ele deve ir fazendo o bem;
tu és as mãos com as quais Ele deve abençoar os homens de hoje.

Santa Tereza D' Ávila

INTRODUÇÃO

Reiki Usui é hoje a técnica de cura energética mais conhecida no Ocidente.

Há vários métodos diferentes de ensino de Reiki Usui, todos trabalham e ensinam a trabalhar com a energia experimentada por Reiki Usui, cada um de um modo diferente e todos com o mesmo resultado.

Não existe método melhor ou eficaz. Cada pessoa se identifica melhor com um, tem mais facilidade em aprender e trabalhar com um do que com outro e, então, este é o melhor para aquela pessoa.

Neste livro trazemos Reiki Usui pelo método, criado pela Mestre Geovane Moreira Jorge Barbosa Leite[1], unindo técnicas e conhecimentos tradicionais sem desprezar o que de bom foi incluído pelos métodos ocidentais modernos e somando com Radiestesia e Radiônica

A Mestre é formada em vários métodos diferentes desde 2009, percebeu que todos estes se completam e, em 2019, decidiu uni-los para transmitir a seus alunos um método que somasse o melhor de tudo o que aprendeu em seus estudos, criando, então, o método.

O método é dividido em 3 níveis ou módulos, ensinados em cursos separados ou único, presencialmente ou à distância:

Nível 1 - Shoden ou Reiki Usui Presencial: sem pré requisito, o aluno aprende a história, características e conceitos básicos de Reiki Usui, bem como a aplicar em si e no outro - presencialmente - com as técnicas ensinadas por Mikao Usui mais as posições somadas após sua morte somadas à Radiestesia.

Nível 2 - Okuden ou Reiki Usui à Distância: o aluno aprende a enviar Reiki à distância, mais uma vez unindo técnicas ensinadas por Mikao Usui e criadas após sua morte somadas à Radiestesia. Obrigatório ser iniciado em Reiki Usui 1.

Nível 3 - Shimpden ou Reiki Usui Mestre de Si Mesmo e Mestre Iniciador: neste método temos apenas um nível de mestrado, dividido em dois subníveis como fazia Mikao Usui: o primeiro é o Sensei, no qual o aluno se forma Mestre de Si Mesmo ou Mestre Auxiliar; o segundo é o Shihan, quando o aluno, após ter passado pelo Sensei se forma Shihan Reiki, ou Mestre Iniciador de Reiki Usui. Soma conceitos passados por

---

[1] Deixamos claro que o método foi criado pela Mestre Geovane, mas não a técnica, sendo esta originada de Mikao Usui.

Mikao Usui, símbolos trazidos por outros Mestres, como Wilhyan Lee Rand e cristaloterapia. Obrigatório ser iniciado em Reiki Usui 2, Reikianos formados em Reiki Usui 3A podem fazer como opção ao Reiki Usui 3B, pois é a soma do 3A + 3B e outros conhecimentos.

PARTE I - GERAL

1 DEFINIÇÃO DE REIKI

Reiki em tradução livre para o português pode ser definido como Energia de Cura Natural ou Energia de Cura Espiritual[2].

É formada pela junção de dois kanji[3]: Rei e Ki.

O kanji REI 靈 é composto por 24 passos. O seu significado literal é espírito, alma, fantasma, Universo, algo vindo de cima. Seu radical 雨 significa chuva.

O kanji KI 氣 é composto por 10 passos. Significa vapor, ar, atmosfera, espírito, energia vital. Seu radical 气 representa espírito, vapor.

Na perspectiva do Taoismo, podemos considerar a reiki como Wuji, a energia primordial, sem fim, infinita. Wuji é a fonte do tai chi (yin-yang), que origina todas as coisas.

Pela explicação de Hawayo Takata temos a seguinte definição para a energia: "*Aqui está o grande espaço que nos circunda: o Universo. Há infinita finita e enorme energia, a qual é universal. Sua fonte definitiva é o criador. É uma força ilimitada. É a fonte de energia que faz as plantas crescerem e os pássaros voarem. Quando um humano no tem dores ou problemas, ele ou ela podem livrar-se deles. É uma fonte externa, uma onda de um poder grandioso, que pode revitalizar ou recuperar a harmonia. É a natureza. É Deus. O poder que ele disponibiliza aos seus filhos que precisam dela.*" Daniel F. Vennells. Reiki para Iniciantes (Locais do Kindle 43). Edição do

---

1 O sentido de cura realizada pelo Reiki não é aquele praticado pela Medicina Tradicional. Reiki proporciona a cura, o equilíbrio energético que leva a, se isso for possível. Comparando uma pessoa com uma floresta, imagine que a mata está mal cuidada e extremamente poluída; imagine, também, o Reiki como sendo o ar puro que tenta invadir esse espaço para renová-lo: é difícil se o espaço não mudar. Por isso a cura depende muito da própria pessoa, da mudança de hábitos e padrão de comportamento. Não podemos nos esquecer, ainda, que há condições irreversíveis. Nestes casos Reiki age diminuindo os efeitos secundários da doença e aumentando a qualidade de vida da pessoa. Lembre-se sempre que o Reikiano não cura, é apenas o veículo da energia que reequilibra o campo energético e, daí, pode gerar a cura se a situação permitir.

3 Kanjis são caracteres usados para escrever japonês. São ideogramas que expressam coisas concretas e abstratas, por meio de radicais (partes ou desenhos indivisíveis dos Kajis), que somados formam uma palavra.

Kindle.

Partindo deste princípio, todo energia de cura e todo sistema de cura energética, ou seja, que usa energia de cura, pode ser denominado Reiki, daí termos tantos sistemas Reiki diferentes atualmente: todos trabalham com energia de cura, mas cada um com uma energia própria, que vibra de maneira diferente.

O que estudamos neste curso é o Sistema Reiki Usui, formatado por Mikao Usui, como veremos no item História do Reiki.

2 HISTÓRIA DE MIKAO USUI

> Se o Reiki se espalhar pelo mundo, tocará o coração humano e a moral da sociedade. Será útil a muitas pessoas, não apenas no tratamento de doenças, mas também para a Terra como um todo.[4]

Há várias versões sobre a origem do Reiki, muitas fantasiosas, especialmente a respeito de seu codificador, Sr. Mikao Usui.

A mais aceita atualmente, e mais lógica, é a narrada a seguir.

Mikao Usui nasceu no Japão, em 15 de agosto de 1865, numa pequena Vila chamada Taniai, Distrito de Yamagata, Prefeitura de Gifu.

Usui começou os seus estudos budistas ainda quando criança. Acabou por explorar diversas formas de budismo, viajando bastante e aprendendo várias línguas, de modo a poder dedicar muitos anos da sua vida ao estudo do budismo e de outros textos sobre espiritualidade e regeneração.

Além do seu conhecimento sobre o budismo, era especialista em diversas artes marciais, pelo que compreendia bem a Ki, energia vital.

Embora o seu maior empenho estivesse relacionado com o desenvolvimento espiritual, Usui interessou-se pela regeneração física, um aspecto dos ensinamentos budistas que tinha praticamente desaparecido no Japão, onde o foco durante muitos anos foi purificação e regeneração do espírito em lugar do corpo.

Estudou Taoísmo e pesquisou sobre a Medicina Tradicional Tibetana.

Segundo as investigações de Frank Arjava Petter, reveladas no livro "The Spirit of

---
[4] Frase escrita no túmulo de Mikao Usui

Reiki", Usui estudou Kiko (a versão japonesas do Qicong – uma arte oriunda da China para melhorar a saúde por meio de meditação, exercícios de respiração e exercício em movimento) quando era jovem, num Templo de Budismo Tendai, no monte Kurama, situado a Noroeste de Kyoto.

Nas práticas de Kiko usa-se a própria energia vital para a cura de outras pessoas, ficando o doador dessa energia desvitalizado, algo que não foi do agrado de Mikao Usui.

Segundo William Rand (no mesmo livro), Usui, inconformado, viajou por todo o Japão, China e Europa atrás de conhecimento nas áreas da medicina, psicologia, religião e desenvolvimento espiritual. Numa dessas etapas juntou-se a um grupo denominado Rey Jyutu Ka, onde sua formação sobre o mundo espiritual foi solidificada. Todo o intenso e continuado interesse no conhecimento criaram as fundações da incrível benção que deixou à humanidade.

Sua formação e clareza mental ajudaram-no a conseguir um emprego como secretário de Shinpei Goto, então responsável de um Departamento de Saúde e Bem Estar e, mais tarde, Presidente de Kyoto. Ali, Usui conheceu muitas pessoas influentes e iniciou um negócio próprio com bastante sucesso.

3 HISTÓRIA DO REIKI USUI

3.1 Usui Reiki Ryoho

Tudo começou quando, estima-se (estima-se porque não há registro escrito da data), em março de 1922, após um retiro espiritual de 21 dias no Monte Kurama - Japão, o sr Mikao Usui criou um sistema de cura energética chamado Usui Reiki Ryoho.

Alguns dizem que Reiki já existia antes de Mikao Usui, mas o que sabemos é que o termo Reiki Usui foi usado pela primeira vez por Mikao Usui. O que havia antes era cura energética por imposição de mãos, praticada desde antes da era cristã. E, também, os símbolos usados por Mikao Usui, porém, com outras funções. A união da técnica de imposição de mãos com com símbolos e fundamentos que deu origem à canalização da energia chamada Reiki Usui foi feita por Mikao Usui, então, sim, ele é o percursor dos vários Sistemas Reiki que hoje conhecemos, iniciando pelo Usui Reiki Ryoho.

Mikao Usui formou poucos Mestres.

Uma fonte estudada afirma ter iniciado Assistente de Mestre (Dan Shihan ou Sensei, que podia iniciar sob a supervisão de outro Mestre): Juzaburo Oshida, Teruichi

Akiyoshi, Kan'ichi Taketomi, Gizo Tomabechi e Kenzo Tsunematsu. E Mestres Iniciadores (Shihans), ou seja, autorizados a transmitirem sozinhos os ensinamentos: Chujiro Hayashi, Umetaro Mine, Tetsutaro Imaizumi, Keizaburo Eda, Shiheki Fuji, Umetaro Mine e Hoichi Wanami.

Outra fonte traz como Mestres Iniciadores formados por Usui: Juzaburo Oshida, Kan'ichi Taketomi, Yoshiharu Watanabe, Chujiro Hayashi, Imae Mine, Sono Tsuboi, Tetsutaro Imaizume, Harue Negano, Toshihiro Eguchi e Kaiji Tomita.

Segundo contado por alguns desses Mestres e seus discípulos, no começo foi ensinado a ativar a energia sem traçar os símbolos (técnica ainda usada no Japão por Reikianos tradicionais), tendo Usui introduzido-os apenas após perceber que alguns de seus alunos não conseguiam ativar a energia Reiki (ativavam qualquer coisa, menos a Reiki) e de todos seus Mestres formados apenas 4, incluindo Chujiro Hayashi, aprenderam essa "nova" técnica. Para aplicar usava um método intuitivo, sentindo onde o receptor necessitava, sem os pontos específicos acrescentados após sua morte.

Em abril de 1922, Usui fundou a Usui Reiki Ryoho Gakkay (Kaicho), uma associação para difundir e ensinar Reiki Usui exatamente a sua maneira, presidindo-a até sua morte.

Até pouco tempo se acreditava que o método exatamente ensinado por Usui tivesse desaparecido durante a Segunda Guerra Mundial, tanto que Japoneses chegaram a vir ao Ocidente aprender Reiki Usui, mas a técnica sobreviveu, praticamente renasceu, e é hoje ensinada apenas no Japão para descendentes de Japoneses, sendo o grau de Mestre outorgado exclusivamente pelo Presidente da Usui Reiki Ryoho Gakkay.

3.2 Hayashi Reiki Ryoho

De todos os Mestres formados por Usui, Chujiro Hayashi é, talvez, o mais conhecido no Ocidente, pois foi ele que iniciou a Mestre a trouxe o ensino da técnica para o Ocidente.

Era médico e para usar Reiki em sua clínica foi autorizado por Mikao Usui a dar uma "arrumadinha" na técnica com base em seus conhecimentos de Medicina, tanto para praticar, quanto para ensinar.

Por volta de 1930/ 1931, Hayashi saiu da Usui Reiki Ryoho Gakkay, fundando a escola Hayashi Reiki Kenkyukai e o método de ensino Hayashi Reiki Ryoho, o primeiro diferente do Usui Reiki Ryoho que se tem conhecimento. Mas diferente apenas no método de usar e ensinar a técnica de cura com Reiki. É como um professor ensinar a obter o resultado 4 somando 2 + 2 e outro multiplicando 2 x 2. O resultado é o mesmo, ambas as formas usam 2 de modos diferentes e nenhuma está errada.

Hayashi teria formado 13 Mestres, entre eles Hawayo Takata.

3.3 Reiki Usui Shiki Ryoho e The Radiance Technique ou Authentic Reiki

Assim como creio que Hayashi seja o Mestre discípulo de Usui mais conhecido no Ocidente, creio que Takata é a Mestre discípula de Hayashi mais conhecida no Ocidente - no Ocidente, porque no Japão há discípulos de Hayashi que nunca ouviram falar dela ou ouviram há a bem pouco tempo.

Takata, uma Hawaiana descendente de Japoneses, conheceu Reiki Usui por meio de Hayashi no Japão e o trouxe para o Ocidente, inicialmente apenas como terapeuta, em 1937.

Para a técnica ser aceita no Ocidente, mais precisamente no Hawai, com uma cultura tradicionalmente cristã e, então marcada por um clima de "caça às bruxas" versão "caça aos japoneses" que atacaram Pearl Harbor, na Segunda Guerra Mundial, Takata deu uma "arrumadinha" autorizada por Hayashi.

Em 1938, iniciada a primeira Mestre do Ocidente, criou o Método Reiki Usui Shiki Ryoho[5] para ensinar conforme sua "arrumadinha", que como a de Hayashi, mudou alguns pontos, porém ser alterar a essência da energia estudada: Reiki Usui.

Takata fundou a AIRA, traduzindo, Associação Internacional de Reiki e, por ela, formou 22 Mestres: George Araki, Dorothy Baba, Ursula Baylow, Rick Bockner, Patricia Bowling (Ewing sobrenome de casada), Bárbara Brown, Fran Brown, Phyllis Lei Furumoto, Beth Gray, John Harvey Gray, Iris Ishikuro, Harry Masami Kuboi, Ethel Lombardi, Bárbara Lincoln McCullough, Maria Alexandra McFadyen, Paul Mitchell, Bethal Phaigh, Shinobu Saito, Virginia Samdahl, Wanja Twan, Bárbara Weber e Kay Yamashita.

Com sua morte, em 1980, seus Mestres, que até então pertenciam todos à AIRA, dividiram-se.

---

[5] Primeiro método de Reiki Usui estudado pela Mestre Geovane até o nível Mestrado por meio do Projeto Luz

Um grupo elegeu como líder Phillis Lei Furumoto, fundando a Reiki Alliance. Furumoto foi responsável por continuar o método Shiki Ryoho, que até hoje é ensinado - ou é pra ser - como Takata introduziu. Foi a linhagem, ou método, que me introduziu no mundo do Reiki.

Outro grupo elegeu Bárbara Weber como líder e fundou a Radiance Reiki. Bárbara Weber deu uma "arrumadinha" no método de Takata e introduziu o The Radiance Technique ou Authentic Reiki (primeiro método que deixou de contemplar 3 níveis de graduação - no caso eram 7 níveis).

Outro grupo de Mestres decidiu seguir caminhos independentes e criou métodos próprios.

Para diferenciar o ensinado na linhagem de Phillis Lei Furumoto de Bárbara Weber e deixar claro que a primeira era que ensinava como Takata (já que Bárbara chamou seu método de "Reiki Autêntico" e, acredito, deve ter começado uma grande confusão), Furumoto adotou o termo Reiki Tradicional, tradicional conforme o método de Takata, mas nada tradicional se comparado ao de Usui.[6]

3.4 Raku Kei Reiki e Reiki Essencial

Arthur Robertson, Mestre formado por Iris Ishikuro, discípula de Takata, também deu uma arrumadinha no Shiki Ryoho e criou o Raku Kei Reiki[7], usando técnicas de Raku Kei, sistema de meditação curativa praticado por Mikao Usui e que, estima-se tenha baseado seu Reiki Usui.

Diane Stein, que afirma ser discípula de Jeanine Sande (formada por Arthur Robertson), formatou outro método "arrumadinho" e muito conhecido no Ocidente, especialmente em Portugal, como Reiki Verdadeiro: Reiki Essencial[8]. Frisa-se que Diane Stein justifica sua falta de certificado por não aceitar o ensinado pela linhagem de seu Mestre, o qual, então teria se recusado a emiti-lo.

3.5 Reiki Usui Tibetano

William Lee Rand, Mestre formado por Phillis Lei Furumoto, uniu os conceitos dos

---

[6] A diferença entre as duas linhas de estudo é basicamente que a AIRA divide o Reiki em sete graus ou níveis, o denomina de "Radiance Technique" e não aceita alterações em seus princípios estabelecidos desde então, haja vista seus mestres precisarem de autorização da grã-mestre para iniciar novos mestres. Na "Reiki Alliance" cada mestre tem a liberdade de escolher e iniciar um novo mestre. Apresenta o Reiki em três níveis.
[7] Método estudado pela Mestre Geovane até o Mestrado pela Mestre Ana Rodrigues
[8] Método estudado pela Mestre Geovane até o Mestrado pela Mestre Ana Rodrigues

métodos Shiki Ryoho com Raku Kei Reiki, acrescentando símbolos tibetanos e dividindo o curso em 4 níveis: 1, 2, 3A e 3B.

Teve início o método Reiki Usui Tibetano.[9]

3.6 Gendai Reiki Ho

Doi Hiroshi aprendeu Reiki Usui por 2 métodos diferentes:

- Usui Shiki Rioho, por Kimiko Koyama, Mestre formada por Kan'ichi Taketomi

- Authentic Reiki por Mieko Mitsubishi, Mestre formada por Bárbara Weber.

Então constatou que o ensinado no Ocidente estava muito diferente do original de Mikao Usui e achou importante levar aos estrangeiros o conhecimento original.

Como Usui Reiki Ryoho é restrito à sociedade japonesa, criou o Gendai Reiki Ho[10], dando outra arrumadinha no método de Usui para adaptar ao mundo ocidental conforme ensinado por Mitsubishi.

Jhonny de Carli foi o primeiro Mestre brasileiro formado por Hiroshi e quem introduziu o método no Brasil.

Gendai Reiki Ho também começou a ser chamado de Reiki Tradicional, para mostrar ser um método com as técnicas originais de Usui, mas não é tão Tradicional assim, já que teve a "arrumadinha" de Hiroshi.

3.7 Reiki Usui Rei-Shui

Como mencionado na introdução foi formatado por Geovane M J B Leite com base em conhecimentos adquiridos ao longo de 10 anos de estudos, sendo "água espiritual" a tradução de Rei-Shui.

3.8 Outros Métodos de Reiki Usui

3.8.1 Jikiden Reiki e Komyo Reiki

---

[9] Método estudado pela Mestre Geovane até o Mestrado pelo Mestre Cândido Berdinato
[10] Método estudado pela Mestre Geovane até o Mestrado pelo Mestre Edgar Martins

Chiyoko Yamaguchi, discípula de Hayashi, durante muito tempo restringiu ensinar Reiki Usui a sua família, mas quando soube do modo como era praticado no Ocidente também achou importante ensinar a técnica original que aprendeu para mostrar a diferença.

Fundou o Jikiden Reiki, que traduzido a grosso modo significa "Exatamente como meu Mestre Ensinou" e é mais um chamado de Tradicional, mas é Tradicional conforme Hayashi ensinou depois de sua arrumadinha.

E o método de Yamaguchi também teve uma arrumadinha, feita por sua aluna Hyakuten Inamoto, que criou o Komyo Reiki Kami.

3.8.2 Usui-Do e Komyo Reiki Kai

Usui-Do é mais um método chamado de Tradicional, com 6 níveis de graduação, criado por Dave King, Mestre formado por Yuji Onuki, por sua vez formado por Toshihiro Eguchi, discípulo de Usui.

É chamado de Tradicional porque, segundo seu criador, segue exatamente o que Usui teria ensinado a Eguchi entre 1920 e 1926, mas difere muito do Usui Reiki Rioho.

3.8.3 Outros Métodos

E há outros, muitos outros, métodos de ensino de Reiki Usui, inúmeros que desconheço.

Qual é o melhor? Nenhum! Não existe melhor nem mais forte ou poderoso. Existe o que melhor se adapta a um Reikiano, o que ele mais tem afinidade e facilidade para aprender e praticar, afinal todos trabalham com um único resultado, os mesmos benefícios e em torno de uma única energia: Reiki Usui.

O que não podemos confundir é método de Reiki Usui com Sistemas Reiki diversos. Aí tem diferença, não é a mesma coisa porque não é a mesma energia.

Vários Mestres, não tenho a mínima ideia de quantos, acabaram canalizando outras formas de energia Reiki, em outras palavras, descobriram a possibilidade de trabalhar com frequências diferentes da Reiki (pra entender é preciso sentir a Usui e as outras) e daí surgiram Sistemas como Karuna Ki, Reiki Celta, Reiki Elemental e muitos outros com benefícios diferentes.

Como os métodos de Reiki Usui, não existe Sistema melhor, mas aquele que melhor se encaixa no que o Reikiano pretende trabalhar ou o o resultado que deseja alcançar.

4 PRINCIPAIS CARACTERÍSTICAS

4.1 DA ENERGIA USUI

É uma energia simples, universal e onipresente – está presente em todo lugar ao mesmo tempo, disponível a todos que dela precisar

Possui uma frequência abrangente - é comum a todas as pessoas, animais e matéria - curadora e vital – corresponde à energia vital que nos anima, é a energia da criação, que dá vida a todas as coisas vivas.

Está diretamente ligada à capacidade de amar incondicionalmente, de onde vem sua ligação com o chacra cardíaco, o chacra do amor e da cura.

É apolar, ou seja, é recebida exatamente na intensidade necessária ao receptor, bem como não é nem positiva nem negativa, assumindo a polaridade que o paciente necessita.

Como toda energia, é inteligente, e direciona-se sozinha ao local e com a intensidade que se faz necessária, de modo que não é necessário diagnóstico. O terapeuta atua apenas como um canal da energia cósmica, o receptor a "puxa" conforme sua necessidade sem perigo de "overdose".

Além disto, é de alta freqüência, literalmente destrói os bloqueios energéticos que impedem a livre circulação da energia no corpo (geralmente a causa das doenças), bem como penetra qualquer coisa (inclusive o gesso), portanto, não é necessário despir ou tocar o receptor.

Não provém do terapeuta - é obtida diretamente da Fonte, dos Cosmos, de Deus - de modo que não o exaure, mesmo após contínuas sessões de cura, o beneficia e energiza a cada aplicação e quanto mais utiliza mais expande-se o seu canal e aumenta sua capacidade de cura.

Casos de reações adversas são raros, pois a reiki não causa mal. O que pode acontecer é uma fase de adaptação ao novo estado, onde o organismo estará se reequilibrando, se reorganizando energeticamente em virtude da remoção dos bloqueios e, geralmente, dura pouco.

4.2 DO SISTEMA DE CURA USUI

Reiki é uma técnica segura de cura, suave, não intrusiva, onde a energia flui do emissor Reikiano para o receptor, que pode ser humano, animal, vegetal, planta, mineral, remédio alopático, água ou alimento.

É simples de aprender e praticar, sendo a intenção e o amor indicondicional os aspectos mais importantes tanto para o aprendizado quanto para a aplicação.

Não tem prazo de validade nem necessita de reciclagem. Uma vez Reikiano, Reikiano para sempre. Basta uma sintonização em cada nível para ser Reikiano daquele nível até o fim da vida, ainda que o indivíduo fique muito tempo sem aplicar.

Pode ser trabalhado presencialmente ou à distância – à distância apenas a partir do nível 2 – no presente, passado e futuro – para o passado e futuro apenas após o nível 2.

O Reiki não desgasta energeticamente o praticante, pois se utiliza da energia universal e não da individual. Quanto mais usado, mais energiza o Reikiano.

Equilibra os Chácras, bem como remove bloqueios dos canais de circulação de energia, promovendo o retorno ao estado original de saúde física, emocional, existencial a espiritual.

É mais do que apenas uma forma de terapia holística, pois um dos seus objetivos fundamentais é encorajar a consciência e o crescimento pessoal e espiritual.

Recentemente o SUS - Sistema Unico de Saúde no Brasil - incluiu a técnica entre os procedimentos alternativos autorizados, porém, apenas para profissionais da área médica citadas no documento.

Resumindo podemos apontar as seguintes características para a reiki e o Reiki:

- Disponibilidade
- Simplicidade
- Durabilidade
- Universalidade e Atemporalidade
- Energização
- Equilíbrio e Desbloqueio
- Saúde
- Diversidade

5 DIFERENÇA ENTRE REIKI E OUTRAS ENERGIAS DE CURA

5.1 ENERGIA PRÂNICA (Prana, Chi ou Ki)

Objetiva, principalmente, vitalizar os corpos físico e etérico. Para atingir outros corpos é necessário usar técnicas complementares.

Apresenta polaridade.

É necessário o conhecimento prévio do estado físico do paciente e amplo domínio da técnica.

Utiliza a energia pessoal do aplicador e, assim, pode esgotá-lo física, espiritual ou emocionalmente.

5.2 MENTAL ou ESPIRITUAL (Prana + Plasma Espiritual)

Objetiva, principalmente, transmitir um entendimento intuitivo para afetar a atitude mental (mente consciente) e as impressões emocionais (mente subconsciente).

Por depender de um processo de sintonia complexo e frágil, exige controle absoluto do pensamento, das emoções, dieta alimentar, atitudes e hábitos.

Necessita da aceitação do paciente no processo de cura e, muitas vezes, da fé como ampliador.

É a soma da energia de um estado mental específico do terapeuta em sintonia com energia de planos superiores, ainda pertencentes ao campo eletromagnético do planeta.

5.3 REIKI

Objetiva sintonizar o paciente com seu próprio ser espiritual, de modo a fortalecer e clarear a mente, cujas consequências são o equilíbrio das emoções, a reorganização da energia dos corpos físico e etérico, a limpeza dos meridianos, dos nadis e do campo eletromagnético, e o despertar de sentimentos como compaixão, perdão e igualdade.

Por promover o realinhamento dos canais energéticos e permitir ao aplicador a absorção da energia ao aplicar, esta técnica não causa desgaste do aplicador nem depende de seu perfeito equilíbrio físico, mental ou espiritual.

6 FUNCIONAMENTO

Cada vez mais o pensamento ocidental afasta-se dos conceitos de análises estruturalistas onde se estudam as partes por níveis para chegar ao conjunto. A Física

Quântica mostra que tudo pode ser reduzido a energia e a sua manipulação. Vemos que a energia precede a matéria, igualmente como os pensamentos e emoções precedem a ação. Assim, aproximamo-nos, cada vez mais, dos conceitos orientais que declaram a energia como o princípio que, condensado, forma a matéria.

Esse fato cientificamente nos é apresentado pela fórmula de Einstein ($E = M \times C^2$) que nos mostra a íntima ligação entre energia (E) e matéria (M).

Milenarmente, a história mostra a transformação da energia moldando a matéria. Portanto, ENERGIA é a base de tudo, não existindo energia boa ou ruim.

Nos seres humanos a energia circula de forma livre pelos caminhos sutis: Chákras, Meridianos e Nadis. Também percorre nosso campo energético, nossa Aura. Essa energia alimenta órgãos a células, regulando ainda as funções vitais. Se há bloqueios na livre circulação energética, prejudicando o transito, advém o desequilíbrio e a conseqüência no corpo Físico. Esses bloqueios ocorrem muitas vezes por excessos cometidos de naturezas diversas quando o corpo libera energias que produzem barreiras impedindo o fluxo de energia vital, atuando no corpo físico a criando doenças.

A energia REIKI entra pelo Chacra Coronário do Reikiano e pode ser enviada para o receptor por meio das mãos, dos olhos ou do Chacra Cardíaco, curando ao passar pelo bloqueio do campo energético enquanto eleva o nível vibracional em todos os nossos corpos, dissolve barreiras formadas por nódulos originados em pensamentos e sentimentos prejudiciais e aumenta infinitamente a qualidade da vida.

Devemos nos lembrar que no processo de entrar no Reikiano e ser enviada ao receptor a energia trabalha também o Reikiano, de modo que todos os benefícios de cura são experimentados também por ele.

7 EFEITOS DO TRATAMENTO REIKIANO

Efeitos do Tratamento Reikiano

- Reequilibrio dos centros de energia (chacras);[11]
- Maior clareza mental;
- Redução do stress;
- Assistência no equilíbrio das emoções;
- Remoção das toxinas do sistema;

---

[11] Reiki trabalha especialmente o chacra cardíaco, principal ponto de ligação com nosso Eu Superior ou com Deus.

- Remoção de bloqueios;
- Aceleração de todos os processos biológicos da cura (ação sobre a causa)[12];
- Cirurgia psíquica;[13]
- Cura de vidas passadas (envio de Reiki ao passado)[14];
- Cura à distância;[15]
- Expansão da consciência;
- Para as mulheres, maior controle dos sintomas da TPM
- Remoção de ligações espirituais indesejadas;[16]

8 A ÉTICA REIKIANA

Reiki é um método de cura único. Ele requer que você toque em outra pessoa, mas não com suas mãos, e sim, com energia. Você compartilha a energia amorosa da Fonte que Deus fez disponível a todos. É um presente único e especial.

É imperativo que você não viole a confiança que depositam em você. Se uma pessoa está experimentando liberação emocional, como resultado de um tratamento é essencial que você mantenha sua confidencialidade e respeite suas vidas.

O que segue são algumas considerações éticas para auxiliá-lo a ficar atento a alguns assuntos que você poderá encarar como resultado da prática do Reiki:

- Peça permissão antes de tratar alguém. Algumas pessoas realmente não desejam ser curadas. Respeite seus desejos.
- Considere todas as informações que lhe forem dadas pelas pessoas como confidenciais. Qualquer informação discutida em uma sessão Reiki deve ser mantida confidencial entre você e a pessoa.
- Antes de fazer Reiki em alguém, dê à pessoa uma breve descrição do que acontece durante uma sessão e de onde você a estará tocando. Deixe-as indicar que concordam com o toque, também indicando quaisquer áreas que não devam ser

---

12 14 Reikiano não cura, não faz milagres. Cada um dos chacras está intimamente ligado a determinados órgãos do corpo (vide apostila Anatomia Energética). Padrões negativos de comportamento, pensamento e sentimento provocam desequilíbrio nos chacras e quando um chacra não funciona corretamente, os órgãos respectivos adoecem ou perdem a vitalidade. O Reiki e outras técnicas vibratórias atuam eliminando esses desequilíbrios, ou seja, agem na causa das doenças. Quando esses desequilíbrios estão ainda a nível energético o Reikiano, como qualquer outro terapeuta holístico, consegue fazer o restabelecimento e evitar que apareça a doença.Se a doença já estiver manifestada o Reiki, ao eliminar os desequilíbrios energéticos, acelera e facilita a cura dos sintomas, mas não age sozinho pois uma vez que já há sintoma é essencial o trabalho da Medicina Tradicional para eliminá-lo. Quando não é possível eliminar os sintomas, casos em que a Medicina Tradicional não tem cura para uma doença, Reiki melhora a qualidade de vida e aumenta a sobrevida do paciente. De qualquer maneira é necessário que o doente mude o padrão de comportamento, sentimento ou pensamento que gerou o desequilíbrio ou ele será eliminado, mas acabará voltando e, talvez, com força maior.

13 Estudado no nível 3

14 Estudado no nível 2

15 Estudado no nível 2

16 À medida que aumenta o nível vibracional, a tendência é que tais ligações se rompam e os espíritos não desejados se afastem, porém, como com a cura física, Reiki não faz milagre por si, alguém com obsessão deve procurar a religião de sua confiança para o trabalho adequado

tocadas.

- Nunca prometa a cura. Nunca diagnostique. Explique às pessoas que sessões de Reiki não garantem uma cura e que não são substitutas do cuidado médico apropriado e nunca sugira a um cliente trocar o tratamento ou medicamento prescrito ou interfira com o tratamento de um profissional de saúde licenciado.

- Sugira referências a profissionais médicos ou psicólogos/psiquiatras quando necessário. Não tente diagnosticar ou fazer terapia com pessoas se esta não é sua especialidade na qual está autorizado ou licenciado a fazer.

- Respeite os limites e os toques nas pessoas. Nunca é preciso desnudar os clientes para um tratamento Reiki. Não toque em áreas particulares.

- Quando estiver trabalhando com crianças, assegure-se de ter a permissão

dos pais.

- **JAMAIS DIAGNOSTIQUE OU PROMETA CURA E MILAGRE** ou cometerá crime segundo a legislação brasileira.[17]

9 SIMBOLISMO DO REIKI

9.1 Ideograma

A palavra «*reiki*» é representada na caligrafa *kanji* (alfabeto japonês) de duas formas ligeiramente diferentes. A

A imagem da esquerda é a forma mais moderna, enquanto na imagem da direita está representada uma forma mais antiga e mais tradicional de escrever a palavra.

---

17 Código penal:

Art. 282 - Exercer, ainda que a título gratuito, a profissão de médico, dentista ou farmacêutico, sem autorização legal ou excedendo-lhe os limites: Pena - detenção, de 6

(seis) meses a 2 (dois) anos.

Parágrafo único - Se o crime é praticado com o fim de lucro, aplica-se também multa.

Art. 283 culcar ou anunciar cura por meio secreto ou infalível:

Pena - detenção, de 3 (três) meses a 1 (um) ano, e multa. Art.

284 - Exercer o curandeirismo:

I - prescrevendo, ministrando ou aplicando, habitualmente, qualquer substância; II -

usando gestos, palavras ou qualquer outro meio;

III - fazendo diagnósticos:

Pena - detenção, de 6 (seis) meses a 2 (dois) anos.

Parágrafo único - Se o crime é praticado mediante remuneração, o agente fica também sujeito à multa.

　　　　　　　　　Grafia moderna　　　Grafia antiga

Segundo o contexto, esses ideogramas podem ter várias leituras com os seguintes significados:

I. Chuva maravilhosa de energia vital

II. Chuva maravilhosa que dá vida.

III. A idéia de algo, que vem do cosmos e que seu encontro com a terra produz o milagre da vida.

IV. Chuva maravilhosa que produz o milagre da vida.

V. A comunhão de uma energia superior com uma terrena, porém que se pertencem mutuamente.

VI. Energia maravilhosa que está acima de todas as demais, está em você e você pertence a ela.

VII. Iluminação ou a união da personalidade com o Espírito Universal, a Consciência Cósmica, ou a união do eu inferior com o Eu Superior, a personalidade com o espírito, ou a comunhão do homem com Deus.

9.2 Cor

A cor simbólica do Reiki é o verde que é a cor da cura, assim como do amor, haja vista sua correlação com o Chákra cardíaco, responsável pelo nosso amor incondicional e sistema imunológico.

Seus ideogramas são feitos em dourado, pois essa é a cor cósmica: Reiki é luz que nos leva de volta à grande luz.

9.3 Bambu

Da natureza o Reiki tomou como símbolo o bambu que, em sua simplicidade, resistência ao vento (quando enverga), vazio, retidão e perfeição, pode representar, metaforicamente, o funcionamento da energia.

O bambu é flexível, apesar de forte; ele reverencia o vento que o toca soprando, ele se dobra a vida mostrando-nos que quanto menos um ser se opuser à realidade da vida, mais resistente se tornará para viver em plenitude. O bambu é forte, servindo para construção de embarcações, móveis e construções, ou seja, todos que receberam o Reiki tendem a ficar fortes e resistentes.

Entre um nó e outro o bambu é oco, vazio; como vazio é o espaço entre o céu e a terra, representando os que escolheram serem canais de Reiki, os quais passam a funcionar nesse vazio como verdadeiros "tubos" direcionadores de energia cósmica. Para os budistas, os espaços vazios entre seus nós representa a vacuidade do coração.

A retidão sem igual do bambu, a perfeição do seu projetar-se para o alto, assim como seus nós, os quais simbolizam os diferentes estágios do caminho, simbolizam o objetivo do nosso itinerário interior, o nosso crescimento e a evolução em direção à meta.

No Japão, o bambu é uma planta de bons auspícios, ou sorte; pintar o bambu é considerado não só arte como também um exercício espiritual. Em algumas culturas africanas o bambu é um símbolo de alegria, da felicidade de viver sem doenças e preocupações e é interessante observar como essa simbologia tem a ver com os princípios do Reiki.

10 SINTONIZAÇÃO ENERGÉTICA (Iniciação)

A iniciação é um procedimento puramente energético[18] que abre os canais energéticos capazes de canalizar energia sem a necessidade de passar pelos 21 dias de jejum e orações experimentados por Mikao Usui e coloca o aluno nas mesmas frequências vibratórias da energia Reiki, fazendo com o que o mesmo possa ativá-la[19] e transmiti-la.

Neste método de ensino temos 3 sintonizações:[20]

A primeira sintonização ativa no aluno um canal energético, através do qual a energia flui para dentro do seu Chacra Coronário, daí para seus corpos áuricos, meridianos e outros chacras, saindo em direção ao receptor.

As demais sintonizações expandem este canal energético, aumentando a

---

[18] Daí poder ser feito à distância, já que não exige toque

[20] Outros métodos incluem 4 ou mais iniciações, como Reiki Usui Tibetano, The Reiki Alliance, etc

quantidade de Reiki que pode fluir através do indivíduo, bem como sua área de alcance.

Explicando melhor, a primeira iniciação ou sintonização energética funciona como se ligássemos um cano cósmico à pessoa.

Imagine uma torneira de onde flui um jato de água tão forte que se espalha por todo o local. Embaixo há uma maçã que precisa ser lavada por essa água, mas a água se dispersa e não chega com sua força total na maçã.

Se colocarmos um cano de PVC entre a torneira e a maçã conseguimos direcionar esse jato de água e canalizar para onde precisa ir.

A primeira sintonização faz com que o Reikiano se torne o cano por onde a energia espalhada pelo Universo é canalizada e direcionada ao receptor com toda sua força.

A partir dos próximos níveis aumenta a força da emissão, ou do jato de água, intensificando a capacidade e alcance da cura.

No passado, somente pessoas muito preparadas - os chamados sacerdotes - podiam receber a orientação para atuar como representantes dos Mestres. Os candidatos às iniciações precisavam passar por anos de treinamento e purificações, até que fossem considerados aptos para receberem importantes estímulos para seu desenvolvimento espiritual. Atualmente os caminhos são outros. Tudo o que se pode receber está disponível. Basta que estejamos abertos.

10.1 Efeitos das Iniciações

Quando recebemos uma iniciação os chacras são reequilibrados (3 dias para cada chacra = 21 dias) e, sem consequência nosso padrão vibratório elevado.

Tornamo-nos receptivos e aptos a interagir em uma gama de informações e vivências acima do nível em que estávamos acostumados.

Desprendemo-nos das reações e pontos de vista que antes tínhamos. Dizemos que o nosso nível espiritual se eleva. Na verdade, nossa consciência é que se aproxima ou se abre um pouco mais para perceber o espiritual.

Nosso modo de vida modifica-se naturalmente e sem sofrimento, aos poucos o que nos faz mal se afasta e aproxima o necessário para nossa elevação energética.

Interesses particulares e íntimos podem ser deixados de lado. Em contrapartida, coisas que pareciam distantes ou sem importância podem mostrar sua verdadeira face e tornarem-se interessantes.

Bloqueios são liberados, nós desatados ou desfeitos, pessoas deixadas para trás, mas nada dolorido nem abrupto, tudo acontece de maneira natural e sem sofrimento.

Quando os bloqueios estão muito enraizados, as liberações desencadeadas pelo reequilibrio energético dos chacras podem ter conseqüências físicas e não apenas emocionais, manifestando-se como diarréias, problemas digestivos, febres, afloramento de pequenos problemas que pareciam resolvidos, etc...

Estes efeitos manifestam-se durante os 21 dias seguintes à iniciação recebida em qualquer nível (3 dias para cada chacra).

Para facilitar a passagem por esse processo, recomendo o uso do Floral Proteção da linha Saint Germain assim que iniciar o curso e a prática de auto-aplicação de Reiki Usui por 21 dias a cada sintonização.[21]

10.2 Antes, Durante e Após a Iniciação

Embora seja algo simples e disponível a todos, é necessário estar preparado para este momento por respeito à energia.

O aluno pode até não tomar providência alguma, mas neste caso terá menos chances de experimentar as sensações que o procedimento costuma causar.

Recomenda-se para as 24 horas antes da iniciação:

- não ingerir carne, alimentos com tempero forte ou bebidas alcoólicas.

- diminuir a frequência de fumar.

- manter a mente serena

- evitar discussões

- encarar os problemas apenas como obstáculos que serão removidos do caminho certo ou tarde, sem focar preocupação nos mesmos.

- evitar ingerir café e leite.

- dar preferência a frutas do que a doces.

- não assistir programas violentos ou que descrevam dramas que mexam com o corpo emocional.

- evitar reclamar e criticar.

- manter uma atitude mental positiva.

Durante o procedimento permaneça deitado ou sentado com a espinha ereta, se possível voltado para o Leste – o local onde o Sol nasce. Se sentado, pernas separadas

---

[21] Alguns confundem a autoaplicação de 21 dias com a iniciação e acreditam que se não fizer não serão iniciados ou se fizer e pular algum dia é preciso recomeçar do zero. Não. Ela é apenas para ajudar a passar pela catarse provocada pelo reequilibrio dos chacras que acontece automaticamente após a iniciação, faça ou não a autoaplicação, de modo que se pular algum dia não necessita recomeçar.

e pés descalços apoiados no chão.[26] A respiração deve ser feita pelo nariz, de modo que se estiver resfriado e não conseguir puxar o ar pelo nariz o ideal é reagendar a iniciação até que volte a respirar normalmente.

Após a iniciação é conveniente (não obrigatório) fazer a chamada Centralização, uma pequena meditação que trabalha com os chacras, especialmente o cardíaco

- Sente-se confortavelmente e coloque a mão esquerda sobre o chacra cardíaco e a mão direita logo abaixo.

- Feche os olhos. Dirija toda a sua atenção para a sua respiração normal, sem forçar.

- Mantendo os olhos fechados, inspire profunda e lentamente até que seus

pulmões estejam completamente cheios, fazendo seu tórax expandir, expirando também lentamente em seguida.

- Cada vez que inspirar imagine-se dentro de uma esfera de luz de cor violeta róseo. Faça este ciclo sete vezes.

- Permaneça neste estado por cinco minutos no mínimo.

10.3 Iniciação de Cura

Ensinada no nível 3, a Iniciação de Cura é uma bênção transmitida com o propósito de curar e, embora seja chamada de iniciação e somente possa ser praticada por Mestres, não habilita a pessoa a ser um terapeuta Reikano[22].

Permite que a pessoa receba a fortíssima energia de cura gerada pelo processo de Iniciação, ou seja, energias curativas de alta freqüência, que atuam constantemente em benefício do receptor. Acredita-se que o receptor receba em uma única sessão o benefício da energia equivalente a 100 (Cem) aplicações convencionais de Terapia Reiki.

É recomendada em doenças terminais ou processos de desequilíbrio e emocional e mental antigos, como também é muito benéfica no tratamento de drogas, álcool e outras dependências.

---

[22] Digamos que seja uma "Aplicação Power" de Reiki Usui. Somente é praticada por Mestres pela elevada frequência da pratica.

11 - INSTRUÇÕES PARA O RECEPTOR E O REIKIANO

11.1 O Receptor

O receptor deve ficar deitado em uma maca ou sentado o mais confortável possível. Se estiver deitado, não use travesseiros ou use algum muitíssimo baixo pois é importante que a coluna esteja ereta. O mesmo em relação à cadeira: deverá ter o encosto reto. Evite sofás porque, embora confortáveis, dificultam uma postura que facilite manter a coluna ereta. Não aplique no chão, a menos que se trate de uma situação de emergência.

Caso exista o Gokai[23] no local da aplicação, coloque o receptor deitado com a cabeça em sua direção ou sentado de frente a ele.

Peça ao receptor que feche os olhos e se imagine sobre uma relva em uma minúscula ilha, no meio de um imenso lago de águas cristalinas. Descreva esse cenário para a pessoa.

Peça, ainda, que ela imagine um sol muito brilhante no meio do céu azul, e que esse sol a está aquecendo suavemente.

Assim aquecido deve relaxar e se manter receptivo para a aplicação.

Após a aplicação recomenda-se descansar e beber bastante água.

11.2 Reikiano

Para aplicação de Reiki nada mais é necessário que o próprio Reiki, nenhuma formalidade, nenhum ritual, nada é preciso para a prática, entretanto há alguns procedimentos que podemos fazer para facilitar a conexão energética.

!!!Repito: nada obrigatório, siga em primeiro lugar sua intuição. Não se prenda a regras, Reiki é muito simples e quanto menos direcionarmos o tratamento, mais eficaz ele será!!!

Evire aplicar no banheiro, a menos que se trate de uma emergência. Nesse caso, durante a aplicação, procure visualizar uma esfera de luz azul-violeta envolvendo você e o receptor (eu já apliquei sem visualizar nada).

É recomendável que a aplicação seja feita em ambientes com baixo nível de ruído

---

[23] Vide capítulo adiante sobre os 5 Princípios do Reiki

(música relaxante é sempre bem vinda), arejados, claros, de preferência com a janela aberta (mesmo que à noite) e com o mínimo possível de objetos decorativos muito chamativos. Evite quadros ou imagens que transmitam emoções fortes, mesmo que sejam abstratos.

Caso tenha o Gokai no local coloque-se de costas para ele.

Jamais, em hipótese alguma, fume ou permita que se fume no interior da sala de aplicações.

Dentro do possível procure preparar o local com antecedência, harmonizando e elevando o padrão energético.[24]

Você pode, também, utilizar a representação dos quatro elementos básicos da natureza, que elevam a qualidade vibratória do local: um copo ou uma jarra com água, representando o elemento água; um incenso ou difusor aromático[25], representando o

---

[24] Isso pode ser feito de várias formas, inclusive com o próprio Reiki ou outras técnicas de sua preferência, como exemplo:
TÉCNICA REIKIANA
Basta que permaneçamos alguns minutos irradiando energia com a intenção de elevar o padrão vibratório do ambiente, harmonizando-o.
TÉCNICA MENTAL
- Visualize uma luz violeta impregnando todo o ambiente com suas vibrações de limpeza.
- Visualize, após, uma luz branca energizando o ambiente.
- E, finalmente, visualize uma luz dourada, selando o cômodo das vibrações exteriores.
Durante todo o procedimento mantenha uma atitude de confiança e entrega, confie que a energia dessas luzes realmente está promovendo a limpeza, e se você tem dificuldade de visualizar, apenas imagine, e confie que isso realmente estará acontecendo.
TÉCNICA FÍSICA
- Adquira uma garrafa de um litro, de álcool de cereais;
- Coloque dentro da mesma, duas colheres de sopa de amoníaco;
- Junte a isso, quatro tabletes de cânfora;
- Tampe e sacuda suavemente, até que os tabletes se dissolvam completamente;
- Adicione sete galhos de arruda;
- Deixe a mistura descansar por 24 horas;
- Coloque um pouco da mistura em um pulverizador manual de plantas e ulverize as paredes, o assoalho, o teto, tudo. Dê atenção especial aos cantos e locais de pouco ou difícil acesso, pois a energia negativa costuma se acumular neles.

[25] Ao usar incensos aplique Reiki na caixinha ou pacote com as varetas, pois ao queimá-los estará liberando a energia no ambiente através da fumaça.
Principalmente ao usar incensos a sala deve ser muito bem
ventilada. Evite incensos inadequados. Por ex. jamais use
incensos de almíscar.
Antes de iniciar suas sessões convém usar incenso de limpeza, para preparar o ambiente antes da chegada das pessoas. Os mais indicados para limpeza são os chamados defumadores, contendo em suas fórmulas misturas de cânfora, palo santo, arruda, alfazema e benjoim. Esses incensos têm cheiro muito forte e não devem ser usados durante a aplicação. O ideal é queimar uma haste 1 hora antes da aplicação. Logo depois acenda um mais suave, que pode ser jasmim ou canela.
Se optar por incenso durante a aplicação, cuidado com a possibilidade do receptor ser alérgico. Há incensos hipoalergênicos no mercado, mas todo cuidado é pouco para evitar a necessidade de sair correndo com alguém em crise.

elemento ar; cristais, pedras naturais ou sal grosso, representando o elemento terra; e uma vela representando o elemento fogo.

Além de proporcionar um ambiente agradável, os elementos proporcionam uma transformação energética, elevando o padrão vibratório do ambiente, principalmente o fogo, que promove uma transmutação quase que instantânea.

No caso dos cristais e das pedras naturais, a melhor forma de escolhê-los é pela intuição, pois costuma-se dizer que: "nós não escolhemos os cristais, eles nos escolhem". E eles devem ser periodicamente limpos e energizados, o que poderá ser feito, deixando-os de molho em um recipiente com água e sal grosso por algumas horas, em seguida banhá-los em água gelada e deixa-los sob a luz do Sol e da Lua, por um dia e uma noite. Deixá-los sob uma tempestade com raios também é muito eficiente tanto para limpá-los quanto para energizá-los.

O sal grosso deverá ser trocado diariamente.

Além desses quatro elementos básicos, podemos utilizar uma música agradável, que auxiliará a aprofundar nosso relaxamento: sons da natureza, cantos Gregorianos, músicas clássicas, New Age, etc., evitando músicas ou sons que tragam à mente idéias ou lembranças que provoquem emoções.

Você pode também utilizar uma iluminação suave[26], associando cores[27] e aromas[28] na sala.

Limpe o seu local de aplicação sempre que achar necessário. "Plante" um Choku Rei em cada canto e abra janelas e portas[29]. Deixe entrar muita luz solar, pois ela traz prana.

A roupa do reikiano deve ser cômoda e limpa, não se preocupe com a cor.

O horário indicado é qualquer um entre 6 e 23 horas, sendo 6, 8, 12, 15, 18 e 20 horas os momentos com melhor qualidade de circulação de ki e com melhores manifestações energéticas.

Evite aplicar entre a meia-noite e as 6 horas, mas não deixe de aplicar em caso de necessidade.

---

[26] Se possível troque lampadas fluorescentes por incandescentes, lamparinas ou velas
[27] Apenas se dominar a cromoterapia
[28] Apenas se dominar a aromaterapia e estiver certo de que o cliente não é alérgico
[29] Lembre-se que não basta desenhar o símbolo, é preciso desenhar enquanto repete seu nome 3 vezes

Assegure-se de que não será interrompido por campainha ou telefones.

Explique ao receptor o que vai acontecer, possibilite a ele a oportunidade de conversar, desabafar, relaxar.

Aconselha-se tirar todos os adornos de metal tanto do receptor como do praticante, argolas, anéis, pulseiras, correntes, cristais e relógio, pois possuem vibrações próprias que podem interferir na energia Reiki. Uma medalha, um anel ou uma pulseira que não se consegue ou não se quer tirar por questões religiosas, não causam uma grande interferência.

Nossas mãos são as ferramentas mais utilizadas em tratamento de Reiki. São ferramentas sagradas, porém, estão continuamente em contato com diversas coisas, além de transpirar. Para evitar desconfortos devemos garantir a limpeza das mesmas, assim como, de suas unhas.[30]

O ato de lavar as mãos não se limita a sua limpeza física, mas também, nos proporciona uma proteção, pois estaremos conectados energeticamente com o receptor. Desta forma ao lavá-las (preferencialmente até os cotovelos) antes, nos protegemos mutuamente e ao lavá-las após a aplicação, nos desconectamos energeticamente. Na ausência da água, obteremos efeito semelhante ao expormos nossas mãos à chama de uma vela.

Todos temos direito às nossas escolhas, por essa razão, não devemos insistir para que as pessoas recebam Reiki. Mesmo porque, o resultado só acontecerá quando estivermos abertos a ele.

Peça ao receptor que relaxe e, se desejar, conecte-se com o Deus de sua devoção através de uma oração. Conecte-se você também ao seres de sua crença e peça que estejam presentes, acompanhando o trabalho.[31]

Pergunte ao receptor se deseja receber Reiki, explicando sobre o tratamento e o que acontecerá nas sessões.

Tanto terapeuta como receptor não devem cruzar braços e pernas, pois isso forma uma barreira ao fluxo da energia.

Lembre-se que o reikiano é apenas um canal da energia cósmica, o responsável pela cura é o Poder Criador. Desta forma não deve envaidecer-se quando uma cura se

---
[30] Caso o receptor não seja alérgico e o Reikiano domine aromaterapia pode usar um óleo essencial nas mãos
[31] Pode pedir, também a presença da Hierarquia Reikiana, todos os Mestres e Reikianos espirituais de sua linhagem

manifesta ou entristecer-se quando isso não acontece, pois existem muitos fatores que podem impedir esta manifestação.

Jamais interfira nos tratamentos médicos.

Não há risco de "overdose". A energia é "puxada" pelo receptor, portanto, ele a receberá conforme sua necessidade e merecimento.

Não há um padrão para a percepção da energia. Ela pode se manifestar como calor, formigamento, latejamento, choques elétricos, vibrações, sono, relaxamento profundo, ou poderá nem ser percebida.

O Reiki independe de fé, portanto, só não atuará se o receptor não o desejar.

Conforme a sensibilidade do terapeuta e pela interação áurica, há possibilidades do mesmo sintonizar-se com o mal-estar do receptor. Se for muito intenso, basta afastar-se do receptor e o desconforto desaparecerá. Caso essas sensações persistam reflita sobre a razão de estar em sintonia vibracional com o receptor e intensifique seu autotratamento.

O ideal é começarmos um tratamento com três sessões consecutivas. Desta forma obtemos uma resposta mais rápida. A duração do tratamento depende de cada caso (poderá ser de 4 a 20 sessões, ou mais), quem determinará será a melhora (ou não) do receptor.

O cronograma das sessões dependerá da disponibilidade do terapeuta e do receptor. É preferível pouco Reiki do que nenhum, mas sempre que possível deve ser feito um tratamento completo.

O tempo de cada aplicação deve respeitar, em primeiro lugar, a necessidade do receptor (é ele quem puxa a energia). Não há regra exata de tempo, siga sua intuição e sinta o fluir da energia. Quem não conseguir sentir a energia fluindo e tiver dificuldade de seguir a intuição, use uma média de 5 minutos por ponto, mas o ideal é sempre seguir a intuição e a sensação da energia fluindo para respeitar a necessidade do receptor.

Tanto terapeuta[32] quanto receptor, ao final da sessão devem estar em paz, inteiramente relaxados, harmonizados, poderá também ocorrer, do receptor sentir sono, neste caso é aconselhável que se permita que ele repouse por algum tempo após a

---

[32] Reiki primeiro passa pelo Reikiano para depois alcançar o receptor, então o primeiro beneficiado em toda aplicação é o Reikiano, que não pode chegar cansado ou desvitalizado ao final da sessão. Se isso aconteceu é porque foi enviada a energia Ki (energia vital) e não Reiki

aplicação.

Ao final agradeça ao Deus de sua devoção pela oportunidade de compartilhar essa dádiva com seu semelhante, servindo de canal para que se restabeleça a harmonia e equilíbrio.

Faça sempre a desconexão energética do cliente. Há várias maneiras de desconexão ensinadas, não há uma melhor ou mais forte, mas aquela que melhor se ajusta ao reikiano. Ensinarei as principais que conheço:

- Esfregue as mãos vigorosamente 7 vezes. Abra-as em forma de concha à frente da boca e sopre vigorosamente 3 vezes (a que mais pratico)

- Assim que possível lave-a em água corrente e pura, preferencialmente lavando do cotovelo para a mão, como que jogando fora a energia.

- Umedecer as palmas das mãos com alfazema e esfrega-las.

Agradeça por ter sido um canal para a luz divina.

Deixe o paciente descansando por alguns minutos. Levante-o devagar e com cuidado.

Deixe-o falar sobre o que sentiu (se quiser).

PARTE II - PRÁTICA

A prática Reikiana se resume em 3 passos, também conhecido por 3 pilares do Reiki:

- Meditação Gassho com os 5 Princípios Reiki

- Diagnóstico energético

- Aplicação

1 PRIMEIRO PASSO: MEDITAÇÃO GASSHO COM OS 5 PRINCÍPIOS DO REIKI

1.1 Meditação Gassho

Literalmente GASSHO significa "duas mãos que caminham juntas" e é uma forma de meditação.

1.2 Os 5 Princípios do Reiki - (GOKAI)

Antes de ser um sistema de cura do corpo, Reiki Usui foi formatado para cura do espírito e evolução energética.

Para tal Mikao Usui inseriu como parte da cura a Meidtação Gassho com o Gokai - 5 Princípios do Reiki - um Kotodama[33]

1.3 Como praticar o Gokai com a Meditação Gassho

Por se tratar de um Kotodama o Gokai deve ser verbalizado em sua lingua nativa, no caso, o japonês[34]

Diariamente ao acordar ou antes de dormir e sempre antes da aplicação de Reiki, ao menos por 5 minutos:

Sente-se o mais ereto possível, com os pés apoiados no chão ou cruzados em posição de Buda, costas apoiadas e ombros relaxados.

Feche os olhos e respire profundamente três vezes;

Mantenha as mãos relaxadas e unidas em posição Gassho[35]

Foque a atenção no ponto onde os dedos médios se tocam. A concentração no toque dos dedos ajudará a manter o tônus da meditação Gassho, sem grandes devaneios;

Quando sentir um bom nível de tranqüilidade mental repita pausadamente, refletindo suas palavras, os cinco princípios do Reiki:[36]

Kyo dake wa

Okaru na[37]

Shinpai suna

Kansha shite

Goo o hage me

Hito ni shinsetsu ni

Não fazer a prática diária não levará alguém a deixar de ser Reikiano, mas é fato que quando um Reikiano decide aplicar os 5 princípios em sua vida, os benefícios alcançados são mais amplos e plenos.

Faça por 5 minutos, mas faça.

---

[33] Kotodama é um conjunto de palavras cujo som possui força energética, daí deve ser falado em sua língua nativa.
[34] Veja o vídeo Os 5 Princípios Reiki em Japonês
[35] Braços afastados do corpo, cotovelos levantados aproximadamente a 90o (quanto mais reto, melhor), mãos unidas em oração e posicionadas de modo que o vão formado pela união dos polegares fique em frente à boca.
[36] Se necessário use a Meditação 5 Princípios do Reiki em Japonês fornecida com o curso.
[37] Alguns Mestres ensinam Ikrau na. Não está errado, porém trata-se de uma grafia moderna e optamos pela versão original falada na época de Usui.

1.4 Reflexão Gokai

APENAS HOJE

NÃO SE ZANGUE

Só por hoje, não me aborreço, não sinto raiva nem me zango.

A raiva gera energias que criam doenças em nosso corpo físico. Diariamente, a cada momento, temos uma razão para expressar nossa gratidão.

Nossas emoções nos pertencem, se alguém fizer ou disser algo que nos deixe irritado, enraivecido é porque essa emoção já existe. Essa pessoa apenas "acionou o interruptor" que a fez se manifestar. Nós somos a fonte dessa emoção.

A melhor forma de agirmos nesta situação é agradecermos a essa pessoa por ter nos mostrado que essa emoção existe e desta forma daremos o primeiro passo para transmutá-la.

Quando temos consciência de que somos a fonte de nossas emoções e de que elas, também, são energias, fica mais fácil nossa relação com elas, pois, podemos nos dirigir à fonte e transformá-las em amor.

A única forma de se vencer uma guerra, é não entrarmos nela. Um grande exemplo disso é Mahatma Gandhi que libertou seu país sem o uso da violência, apenas o amor.

NÃO SE PREOCUPE

Só por hoje, não me preocupo.

A preocupação com acontecimentos passados é totalmente inútil, visto que deles só aproveitamos os ensinamentos, aprendizados, enfim as lições aprendidas.

Nossa energia é direcionada ao nosso foco. Se nos preocupamos com algo, direcionamos nossa energia para essa preocupação. No entanto, ela poderia ser mais bem aproveitada para a superação deste desafio.

Quando a ansiedade e a preocupação estão presentes, as dimensões são distorcidas, os desafios sempre parecem maiores do que realmente são.

A "pré-ocupação" não irá evitar um acontecimento, ao contrário, ela poderá torná-lo mais extenso, pois ele já estará causando sofrimento mesmo antes de se manifestar. Nossa vida acontece em ciclos, portanto, projetemos nossa energia na semeadura, desta forma a colheita será sempre abençoada.

SEJA GRATO

Só por hoje, agradeço pelas minhas várias bênçãos e respeito pais, mestres e os mais idosos.

Ao nos posicionarmos com uma atitude de gratidão pelo que recebemos, o universo, por sua vez, disponibiliza abundância.

Todo momento tem um potencial criador, transformador. E mesmo determinadas situações que nos parecem um castigo, futuramente, poderemos reconhecê-las como uma bênção.

Cada momento é um momento único e uma fonte de aprendizado. Se tivermos essa consciência, reconhecemos os "presentes divinos" que estão presentes em cada momento.

A humildade é a consciência de que tudo é parte do Todo. Tudo no Universo tem a mesma importância.

Pois somos todos, manifestações da mesma energia.

Sermos humildes é fazermos nossa parte sem nos preocuparmos com o reconhecimento, apenas pela satisfação de estarmos cumprindo nossa missão e termos consciência de que a nossa é, não mais e nem menos importante, que a missão de nossos semelhantes.

SEJA HONESTO

Só por hoje, trabalho honestamente.

O trabalho apresenta as circunstâncias através das quais, podemos criar e evoluir, se fizermos isto honestamente, a auto-estima será alta e isto cria as condições ideais para uma conexão com o nosso Eu Superior.

Fazermos o que deve ser feito é gratificante. Aprendermos a amar o que fazemos uma bênção. Sermos corretos em nossas atividades é mostrarmos nossa gratidão e reconhecermos essa bênção.

A honestidade é uma semente preciosa, entre seus frutos estão a tranquilidade e a abundância. Quando trabalhamos honestamente somos abençoados com o suprimento de todas as nossas necessidades.

SEJA GENTIL E AMÁVEL COM TODOS OS SERES VIVOS[38]

Só por hoje, serei gentil para todos os seres vivos.

A gentileza é o sinal sagrado do Reikiano, a chave dos cinco princípios.

"Não somos ondas, somos parte do oceano. Embora indivíduos, afetamos o

---

[38] Alguns confundem esse princípio com a proibição de comer carne. Mas não é assim. Com a prática constante do Reiki, aos poucos e sem dor ou sofrimento, o Reikiano passa a rejeitar carne, como a rejeitar tudo o que conflita com sua evolução energética. Ninguém precisa drasticamente deixar de comer carne da noite para o dia para ser Reikiano, a mudança acontecerá gradativa e naturalmente - simplesmente um dia você perceberá que diminuiu a ingestão de carne e/ou que passa mal quando come

universo à nossa volta".

Tendo consciência de que tudo no universo é manifestação de uma mesma energia, ao projetarmos nosso amor aos nossos semelhantes e/ou à natureza, estaremos sendo beneficiados, também, com isso.

Muitas vezes, o simples ato de sorrirmos para alguém que encontramos a caminho do serviço, estudo, etc... é capaz de transformar inteiramente o dia dessa pessoa. E isso, não nos custa nada, ao contrário, nos beneficia, pois o amor é uma energia ilimitada, inesgotável.

Quanto mais a projetamos, mais temos a nossa disposição. E ele sempre reflete-se em nossa direção.

2 SEGUNDO PASSO: DIAGNÓSTICO ENERGÉTICO

Essa fase não é muito usada no Ocidente, especialmente pelos Reikianos formados em métodos que privilegiam o tratamento, porém no Japão é ensinada como a etapa mais importante da cura pelo Reiki.

2.1 Byosen

Para aprendermos o diagnóstico energético, antes é preciso entender o que é Byosen.

Na definição de Frank Arjava Petter "Byosen é a frequência emitida por uma parte do corpo tensionada, ferida ou doente quando o acúmulo de toxicidade prejudica de alguma forma os canais sanguíneos e linfáticos. Mas isso não é tudo. O Byosen também é a reação curativa do corpo quando o Reiki flui para dentro dele"

Em outras palavras, o corpo do receptor informa ao Reikiano onde estão os pontos de desequilíbrio a tratar e essa informação é o que chamamos de Byosen.

Há 5 graus de Byosen, ou 5 graus de gravidade de desequilíbrio, e cada um emite uma resposta diferente ao Reikiano:

Grau 1 - Calor

Esse calor é denominado *on-netsu* em japonês, termo que significa temperatura ou febre. O Reikiano sente um leve aquecimento no local onde há desequilíbrio. É o grau de desequilíbrio mais leve, mas que precisa ser tratado.

Grau 2 - Calor forte

Esse grau se chama *atsui-on-netsu* ou calor forte. O calor provoca suor ou ardência nas palmas das mãos do Reikiano, as quais, algumas vezes, chega a ficar vermelha. Aqui o desequilibrio é mais elevado, mas num limite tolerável.

Grau 3 - Comichão ou formigamento

Esse grau se chama *piri-piri-kan.* A mão do Reikiano comicha, formiga e, em alguns casos, há sensação de atração ou repulsão magnética ou, ainda, entorpecimento. O trabalho é fundamental para que o corpo possa reencontrar o equilibrio.

Grau 4 - Pulsação, palpitação e frio

Esse grau se chama *hihiki*. A pulsação, ou palpitação, pode ser forte ou fraca, rápida ou lenta. Se o local parecer frio é sinal preocupante do quarto grau de Byosen. O corpo precisa de cuidados intensivos.

Grau 5 - Dores nas mãos

Esse grau se chama *itami*. As dores podem aparecer na palma da mão, nos dedos ou no dorso. Pode passar para o antebraço até o ombro. É o grau mais severo de desequilibrio que o receptor pode ter.

Geralmente as sensações se manifestam em ciclos, podendo aumentar durante a aplicação de Reiki e ir e vir como ondas, em ciclos de intervalos de 10 a 15 minutos.

Os primeiros três graus do Byosen mostram leve desequilibrio, não é nada que cause sérias preocupações, mas é necessário tratar. Os dois ultimos indicam desequilibrio extremo, que pedem intervenção urgente e intensa, talvez um intervalo menor entre as aplicações, até diminuir o grau para uma situação leve.

2.2 Etapas do Diagnóstico

2.2.1 Ativação da Energia

Após realizar a Meditação Gassho, o Reikiano deve ativar[39] a energia Reiki Usui, o que pode ser feito com ou sem o uso de símbolos.

Não há melhor maneira, mas sim aquela de preferência de cada Reikiano.

---

[39] Fazer a energia "girar", se apresentar para trabalhar

Eu prefiro a ativação com o símbolo, por ser mais segura e sugiro seu uso especialmente no começo da prática Reikiana. Com símbolo não há erro: traçou, mantrou = está ativada a energia Reiki, não há o menor risco de não ativar a energia ou aplicar a energia Ki em vez da Reiki.

2.2.1.1 Ativação com Símbolos (Método Ocidental)

Os símbolos **NÃO** são a energia e nem a única maneira canalizá-la. São representações de um aspecto da energia reiki ou instrumentos canalizadores da energia. São a porta que abre cada frequência de trabalho da energia Reiki. O Choku-Rei (lê-se tchocurei), por exemplo, representa o aspecto da energia que trabalha o nível físico e abre a porta para que o Reikiano consiga canalizar essa frequência energética.

Imagine uma escadaria com uma porta a cada degrau. As portas são os símbolos, os degraus as diversas frequências energéticas e a escada a técnica Reiki Usui.

Eles não são secretos, mas são sagrados, pela energia que simbolizam.

O ato de desenhar e dizer seus nomes é um estímulo que gera uma resposta: a conexão com a energia em uma pessoa que foi sintonizada. Por isso, usá-los sem a devida sintonização não surtirá efeito, já que eles apenas representam (não são) a energia.

Neste método de ensino de Reiki Usui há 8 símbolos a serem aprendidos - um no primeiro nível[40], dois no segundo nível e os demais no terceiro nível. Todos são compostos de um desenho (yantra) e um som (mantra). Ao usá-los é preciso fazer o traçado correto (com o dedo, com a mão dominante, com o olhar ou mentalmente) e mantrar seu nome 3 vezes enquanto o desenha.[41]

Há quem os desenhe no ar, em frente ou acima do corpo do receptor ou nos pontos de aplicação como se estivesse sendo absorvido. Isto vai da intuição do Reikiano. Particularmente não possuo um método preferido ou único, sigo a intuição a cada caso e cada aplicação.

Como os símbolos são chaves de conexão, não é necessário estar em estado mediúnico ou meditativo para que funcionem. Esteja apenas amoroso, consciente,

---

[40] A quantidade de símbolos ensinada e sua divisão dentro dos níveis varia conforme os métodos de ensino. Gendai Reiki Ho, por exemplo, ensina apenas 3 símbolos e não ensina Cho Ku Rei no primeiro nível.
[41] Mantrar nada mais é do que falar ou mentalizar o nome do símbolo

receptivo e certo de que os usa para um sentimento nobre e elevado de cura e harmonia.

Conforme se desenvolve familiaridade com a energia, naturalmente descobre- se que os símbolos, como qualquer ferramenta, podem ser colocados de lado quando não são mais necessários. Não se apresse. Seja cauteloso. Leve o tempo necessário para que a conexão com a energia se fortaleça. Há pessoas com muito tempo de prática que optaram por continuar usando essa importante ferramenta dentro do Sistema Reiki - eu ainda uso muitas vezes.

Use os símbolos que receber com ética e respeito, sob pena de banalização dos mesmos. É possível usá-los em situações cotidianas, desde que seja respeitado o livre arbítrio alheio, mas lembre-se sempre que o símbolo por si é um desenho, não a energia Reiki Usui - ele apenas ativa a energia, desde que mantrado e traçado por um Reikiano.

2.2.1.1.1 CHOKU-REI – O Primeiro Símbolo

Entre outras interpretações, Choku-Rei significa "Deus está aqui" ou o "Poder está aqui". É a descida da Luz, Poder, Energia.

Inicialmente foi visto por Mikao Usui na cor violeta (transmutação e força divina). De origem Celta (presente sobretudo entre os Druidas) foi também encontrado em escritos essênios.

Considerado "Símbolo do Poder", efetua a ligação imediata com a Energia Cósmica e é usado quando há limite de tempo e espaço, na cura do corpo físico, trazendo grande quantidade de energia cósmica para o local onde for aplicado.

Pronuncia-se tiocurei. Para facilitar o entendimento, meus Mestres ensinaram a brincadeira do "Te curei". Basta trocar o Te pelo Tio e a pronuncia estará correta.

Teoricamente pode ser traçado de duas formas: com o círculo no sentido anti-horário (no hemisfério sul) prevalece a evocação e o aumento; no inverso (círculo no sentido horário) prevalece o decréscimo e a dispersão. No hemisfério Norte ocorre o contrário. Todavia, o que vai determinar a ação do símbolo é sua intenção. Muitas pessoas usam apenas o círculo no sentido anti-horário, como ensinado por Usui. Particularmente nunca usei o sentido horário, ensino apenas para conhecimento do aluno.

Sentido anti-horário

Sentido horário

Sentido anti-horário

imagem tirada da internet

Traz luz para o consciente, aumentando o fluxo energético, purificando, energizando e protegendo alimentos, animais, lugares, objetos, pessoas, etc. Onde ele é "plantado" as energias se amplificam e permanecem por muitas horas/dias, seja no ambiente ou paciente.

Ele pode funcionar como um mecanismo de proteção de nossos chacras e de nossa aura durante um atendimento ou em outras circunstâncias.

Para isso, sempre que achar necessário, mentalize-o ou desenhe em suas mãos e leve a cada chacra, ou desenhe diretamente sobre eles, sempre repetindo seu nome (mantra) três vezes, enquanto mantém a consciência de estar energeticamente protegido.

Ou faça o seguinte procedimento:

De pé e voltado para o Leste posicione a mão esquerda na altura do chacra base, por trás do corpo.

Com a outra mão trace o CKR no ar a sua frente, também na altura do chacra base, e posicione essa mão na direção do chacra, pela frente do corpo.

Diga 3 vezes o mantra correspondente (CKR).

Faça exatamente a mesma coisa com os demais chacras até chegar ao frontal.

Então trace um CKR a sua frente e em cima de sua cabeça e posicione essa mão sobre o chacra coronário, enquanto mantra o símbolo 3 vezes.

Posicione a mão esquerda com a palma encostada em suas costas e com a outra mão trace um grande CKR a sua frente, enquanto mantra 3 vezes.

Se quiser, projete-o grande sobre o paciente e visualize-o entrando em seus corpos físicos e espirituais ou em chacra ou órgão, transmutando energias negativas ali existentes, como raiva, medo, ciúmes e outras para um patamar mais elevado, além de filtras as energias que por ali passam.

Traçar um grande Choku Rei e imaginá-lo entrando no Chacra Coronário do receptor, cobrindo os Chacras Frontal e Laríngeo, possibilita a limpeza e purificação dos canais energéticos.

O Choku Rei pode também ser utilizado para promover a purificação de ambientes, assim como objetos, elevando seu padrão vibratório.

Para limpar o ambiente trace-o primeiro na palma das mãos, enquanto mantra seu nome e visualiza-o na cor violeta. Em seguida trace-o nos quatro cantos do ambiente, também na cor violeta e sempre repetindo seu mantra. Por fim, trace um grande no centro do recinto.

Para limpar objetos trace o símbolo, visualizando-o na cor violeta, sobre o objeto, repetindo 3 vezes seu mantra.

Podemos energizar a água e alimentos, além de usá-los em medicamentos para potencializar seus efeitos benéficos e minimizar efeitos indesejáveis.

Ao percebermos um pensamento negativo, podemos envolvê-lo com o Choku Rei, transmutando-o.

Em caso de perigo, podemos utilizá-lo como proteção (como envolvendo um ladrão que tem intenção de assaltar-nos).

Ao entrarmos em algum veículo, podemos visualizar um grande Choku Rei à sua frente ou acima do veículo com um escudo de proteção.

Para intensificar a emissão da energia Reiki basta aplicar o símbolo nas palmas das mãos antes de iniciar a aplicação, dando sequência ao tratamento.

2.2.2 Ativação sem uso dos símbolos

Após a Meditação Gassho (passo imprescindível na ativação sem os símbolos) faça a seguinte sequência:

- Uma oração ao espírito do Reiki, agradecendo por ser um canal e pedindo para que o Reiki flua através de você (lembre-se que uma vez iniciado em Reiki você se torna uno com a energia, você é a energia e não precisa traçar símbolo ou fazer qualquer outro ritual para ativá-la – pode fazer? Pode, mas não precisa).

- Ainda com as mãos na posição Gassho, incline-se ligeiramente para a frente (como uma reverência)

- Peça pela cura e bem estar do cliente em todos os sentidos

- Eleve suas mãos postas até sua testa, com os polegares tocando o seu terceiro olho e peça ao Reiki que suas mãos sejam guiadas até o local em que elas são mais necessárias nesse momento para o bem do receptor.

Pronto. Estará ativada a energia.

2.3.2 Diagnóstico

Ativada a energia, passamos para a fase do Diagnóstico própriamente dita.[42]

Há 3 formas de diagnosticarmos energeticamente o cliente[43]:

1 - Reiji-Ho[44]

É o modo de diagnóstico que Mikao Usui ensinava a seus discípulos como um dos pilares do Reiki, sendo os outros dois a Meditação Gassho e o Tratamento.

Usui recomendava que após a Meditação Gassho e a ativação (sem símbolo), o Reikiano atentasse para sua intuição determinar onde colocar as mãos.

Essa inspiração pode vir por pensamento, sensação, visão ou simplesmente você saber onde colocar as mãos e identificar qual o grau o Byosen.

2 - Região problemática

O cliente nos revela onde está com dor, qual a doença que possui ou sintomas que experimenta e colocamos as mãos diretamente nesses pontos para identificarmos o grau de Byosen.[45]

3 - Escaneamento do corpo

Também chamado de Método do *scanning* é passar a mão sobre o corpo do cliente (sem tocar) sentindo onde se manifesta o Byosen.

Começa pela cabeça e, de forma constante e devagar, percorre todo o corpo.

4 - Radiestesia

Vide capitulo Reiki e Radiestesia/Radiônica.

---

[42] Mesmo que no início o Reikiano não consiga sentir o Byosen deve insistir na prática e, com o tempo, terá sua sensibilidade despertada.

[43] Alguns Mestres ensinam que para o diagnóstico pelo segundo e terceiro método ensinados não é necessário ativar a energia, porém, em minha opinião não faz sentido, tanto que Mikao Usui quando ensinava o diagnóstico iniciava com a ativação da energia. Recomendo que sempre ativem a energia antes do diagnóstico.

[44] É a técnica que mais gosto, mas é preciso muito treino e confiança na intuição para aplicá-la.

[45] Técnica que menos gosto, considerando que um desequilibrio energético pode manifestar sintomas em locais diversos. Ex. Um desequilibrio no fígado pode se mostrar como uma dor de cabeça e não necessariamente incômodo no fígado.

3 TERCEIRO PASSO: APLICAÇÃO

Chyrio significa tratamento e é a fase da aplicação propriamente dita.

Mikao Usui utilizava o Reiki de forma flexível e intuitiva, sem posições fixas, as quais foram introduzidas no Ocidente. Segundo ele, devemos contar com a intuição para orientar-nos pois tratamos a pessoa, não a doença e isto faz de cada receptor único, pois as necessidades de cada um são diferentes.

No começo da prática Reikiana o uso das posições é bem interessante para facilitar e trazer mais segurança ao Reikiano, mas sugiro que com o tempo use mais a intuição do que a regra exata de posição.

3.1. Técnicas ensinadas por Mikao Usui no nível 1

KENYOKU (queniocú)

Kenyoku significa "lavagem ou banho seco". A prática também é conhecida no Japão como Saikai-Mokuyoku e se trata de uma técnica de auto-limpeza ou auto-purificação.

Serve para tirar qualquer energia negativa, grosseira ou desarmônica, absorvida numa sessão de Reiki ou mesmo no dia a dia. Após a aplicação, serve para nos desconectar do receptor. É usada também para nos desligar de pensamentos inoportunos e formas pensamento. As formas pensamento são dotadas de intensa atividade e alimentam-se da energia das emoções inferiores.

O estado energético e emocional equilibrado é muito importante para o sucesso de uma sessão de Reiki. Quando aplicamos Reiki em alguém, nossos chakras se abrem. É importante, portanto, que tanto o praticante de Reiki quanto o ambiente estejam em harmonia, limpos energeticamente.

A técnica Kenyoku atua no corpo áurico "duplo etérico, corpo etérico ou corpo bioplasmático".

O corpo físico visível é a parte do corpo que vemos no espelho, tocamos e com o qual estamos familiarizados. Encontra-se intimamente relacionado com o "duplo etérico" (primeiro corpo da nossa aura). Os chakras ou "centros de força" estão localizados no "duplo etérico.

Aquilo que afeta a um também afeta ao outro. A mínima desarmonia em qualquer órgão do corpo físico modifica a luminosidade, a cor, a densidade, o magnetismo ou a temperatura de sua contraparte no "duplo etérico". O termo "duplo etérico" existe em função de esse corpo áurico apresentar tudo o que nosso corpo físico apresenta, mas na forma etérica. É um corpo energético intermediário, uma espécie de mediador entre o corpo físico e o corpo emocional. A função mais importante do corpo etérico é a de transmitir para a tela do cérebro físico todas as vibrações das emoções e impulsos dos corpos superiores.

Para o Kenyoku siga a sequência:

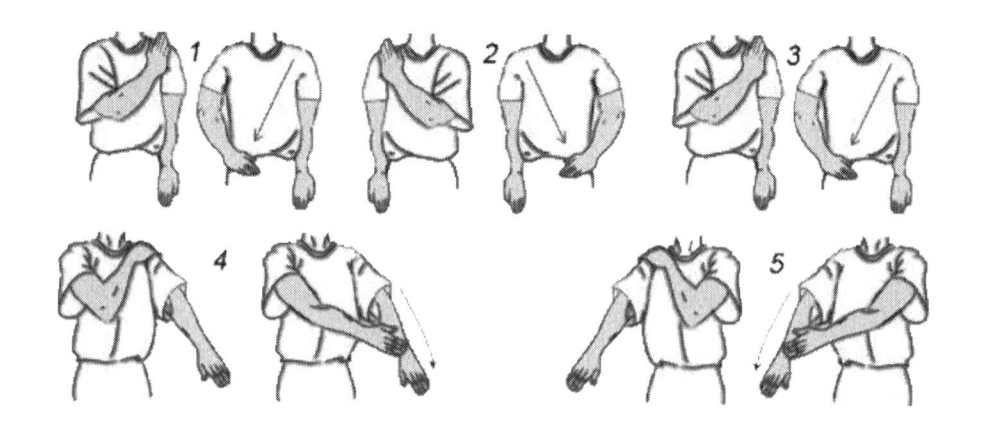

Imagem tirada da Internet

1 - Fique em pé com as plantas dos pés tocando bem o chão, corpo bem relaxado e as pernas um pouco afastadas em uma distância equivalente à largura de seus ombros.

2 - Toque com a mão direita o ombro esquerdo, em seguida deslize com a mão obliquamente, como se estivesse desenhando uma faixa, na direção do quadril direito;

3 - Toque com a mão esquerda o ombro direito, deslizando em direção ao quadril esquerdo;

4 - Repita o processo 2 mais uma vez;

5. Toque com a mão direita o ombro esquerdo ou o meio do antebraço, deslizando rapidamente pela lateral externa, para baixo, passando a mão esquerda pelo pulso em

direção à ponta dos dedos, que devem estar esticados;

6. Faça o mesmo com a mão esquerda, deslizando-a rapidamente para baixo até as pontas dos dedos;

7. Repita o processo 5 mais uma vez;

8. Agradeça em prece.

As as mãos são usadas em concha. Os movimentos são lentos, como se estivéssemos varrendo o campo de energia com as mãos, como se elas fossem escovas gigantes

JOSHIN KOKYUU-HO (diochimcoquiorrô)

Joshin significa "parte superior do corpo", Kokyuu significa "respiração" e HO significa "técnica". Trata-se de um exercício respiratório.

Os centros energéticos ligados à respiração podem facilmente ficar impregnados com energias de pensamento e emoções inferiores. Por esta razão, a primeira providência do Sensei Usui era a de purificá-los através da prática de um exercício respiratório. É praticada principalmente para auto limpeza e purificação do corpo áurico.

Ajuda a sentir melhor o fluxo de energia, ativando os canais do Reiki.

Serve também para energizar, acalmar os pensamentos (mente) e purificar o organismo. A boa respiração purifica a circulação sanguínea e aumenta a vitalidade magnética do corpo.

A respiração, ato essencial para a vida, nos liga a tudo o que nos envolve.

"A respiração tem profundas raízes no ser. Podes não ter observado isso, mas, se puderes mudar tua respiração, poderás mudar muitas coisas. Se observares cuidadosamente tua respiração, verás que, quando te zangas, tens um ritmo particular na respiração. Quando estás amando, um ritmo totalmente diferente ocorre. Quando estás relaxado, respiras de maneira diferente e o mesmo acontece quando estás tenso. Não podes respirar da forma como o fazes quando estás relaxado e ao mesmo tempo sentir cólera. Isso é impossível. Quando estás sexualmente excitado, tua respiração se modifica. Se permitires que haja essa modificação, teu entusiasmo sexual te abandonará automaticamente. Isso significa que a respiração está profundamente relacionada com teu estado mental. Se mudares tua respiração, poderás mudar o estado de tua mente ou, se mudares o estado de tua mente, a respiração também mudará". - (OSHO)

Existe uma explicação para o Sensei Usui relacionar o Reiki à respiração: o chakra básico está ligado ao elemento terra, o chakra do umbigo ao elemento água, o chakra do plexo solar ao elemento fogo e o chakra cardíaco, no qual a energia do Reiki se forma, ao elemento ar. Quando respiramos, trabalhamos com o elemento ar, que harmoniza o chakra responsável pelo amor incondicional. Respirando melhor, o praticante de Reiki imediatamente sentirá mais atividade energética em suas mãos.

Para realizar a técnica Joshin Kokyuu-Ho, siga o procedimento:

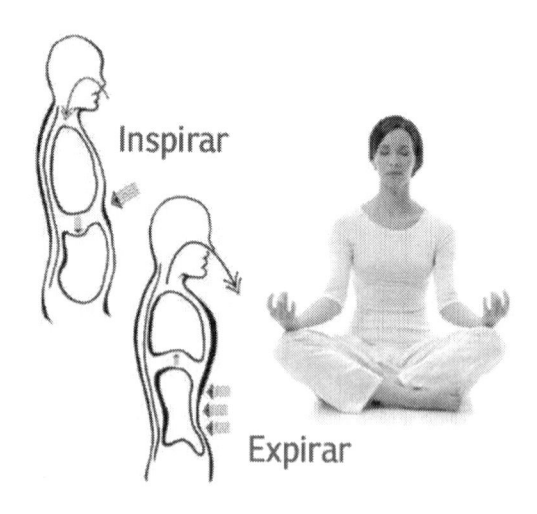

Imagem tirada da Internet

1. Sente-se confortavelmente. Lentamente desça as mãos ao colo, pousando-as relaxadamente com as palmas viradas para cima, como se estivessem "segurando ovos". Procure trazer bons pensamentos à mente. Inspire calma e profundamente pelo nariz, visualizando a entrada de energia, na cor branca, pelo chakra coronário;

2. Leve a mente até a região Tanden (próximo ao chakra umbilical aproximadamente 3 a 5 cm abaixo do umbigo) e ouça sua própria respiração. Retenha a energia, segurando a respiração. Não há um tempo específico para manter a retenção. Sinta que a energia expande-se e irradia-se para todos os órgãos, para cada célula do corpo;

3. Ao expirar (pela boca, de preferência), imagine estar liberando a energia também pelos chakras das mãos, pontas dos dedos e chakras dos pés.

O ponto Tanden é o centro da vitalidade. É importante mentalizar que o ar inspirado pelas narinas vai para lá e que, em seguida, a energia se expande, saindo pela boca e extremidades dos pés e mãos, vitalizando e limpando o corpo para que nos tornemos um canal limpo de energia Reiki. O tempo ideal para esta prática é de 10 minutos.

Para que a técnica surta efeito, dois pontos deverão ser observados: as retenções e o ritmo.

IMPORTANTE: Pessoas hipertensas, com problemas cardíacos ou respiratórios, ao sentirem algum desconforto, devem intercalar o exercício com três ou quatro respirações normais. É aconselhável não ultrapassar 10 minutos de exercício no caso de iniciantes.

SHUCHU REIKI (chutíuleiki)

SHUCHU: concentrar. Esta técnica é para ministrar o Reiki por diversas pessoas juntas, ao mesmo tempo, em um ou mais receptores. Um tipo especial de energia passa a unir todo o grupo.

Para executá-la, os praticantes de Reiki podem ficar em pé ou sentados. Quanto maior o número de praticantes de Reiki trabalhando juntos sobre o mesmo receptor, mais energia Reiki estará envolvida e mais forte e acelerado será o resultado do tratamento.

Quando o grupo for grande, pode-se formar uma roda em que praticantes de Reiki transferem energia entre si, tocando nos ombros do que está à sua frente e ele, por sua vez, toca o receptor.

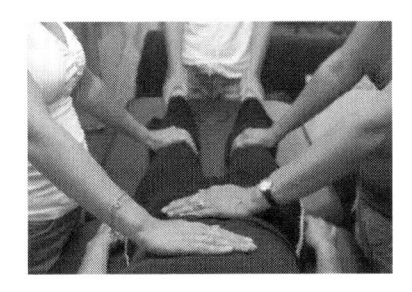

Imagem tirada da Internet

REIKI MAWASHI (Ieikimauáshi)

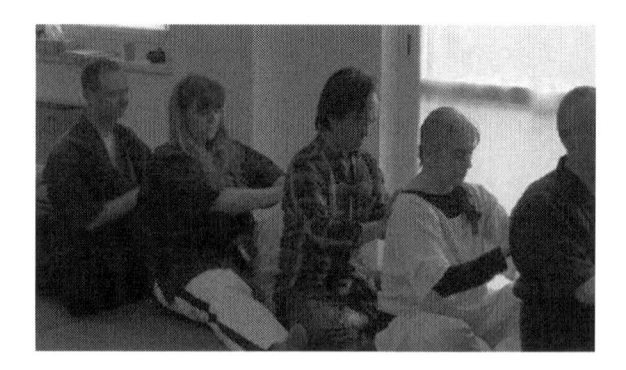

Imagem tirada da Internet

MAWASHI: círculo ou corrente. É uma prática de Reiki em grupo.

Caracteriza-se por ser um tipo de auto tratamento ou auto aplicação em grupo, na qual todos são doadores e todos são receptores.

Consiste em um tocar os ombros do outro com as mãos e com o último fechando a corrente, com o objetivo de que a energia Reiki gerada por todos não fique em circuito aberto, para que todos aproveitem melhor a energia de todo o grupo.

Esta técnica beneficia a todos do grupo.

RENZOKU REIKI-HO (rênzocúleikirrô)

RENZOKU significa maratona.

É uma técnica de Reiki em grupo na qual cada praticante ou grupo de Reiki, fica responsável por um turno, num período prolongado de tratamento.

Ocorre um revezamento para que o receptor não fique nem um minuto sem receber Reiki.

Recomendada em caso de acidentes, quando o acidentado precisa de uma grande quantidade de energia, ininterrupta, para se recuperar.

Quando um ou mais praticantes de Reiki se cansam, faz-se o revezamento.

Imagem tirada da Internet

APLICAÇÃO NO LOCAL DO BYOSEN

Mikao Usui recomendava, após encontrar o Byosen, aplicar Reiki no local até a sensação desaparecer ou diminuir o grau de Byosen.

O Byosen normalmente se apresenta em ciclos de 10 a 15 minutos, podendo diminuir, desaparecer, voltar e aumentar nesse intervalo, daí, é recomendado aplicar a energia por pelo menos 15 minutos em cada ponto encontrado, atentando para a sensação que deve desaparecer por completo ou mudar conforme a diminuição do grau do Byosen.

Atenção que somente identificamos a melhora no diagnóstico quando muda o grau do Byosen, não pela diminuição da intensidade da sensação

3.2 Técnica ensinada por Hawayo Takata no nível 1 com posições definidas

Uma das inovações trazidas por Hawaio Takata ao introduzir Reiki Usui no Ocidente foi a aplicação em posições definidas, estabelecidas com base nos locais onde o Byosen mais se manifesta:

As posições facilitam e tornam mais prática a aplicação de Reiki, podendo "pular" com segurança a etapa do diagnóstico, pois, com certeza a área necessária para aplicação de Reiki é alcançada se fizer aplicação em todos os pontos.[46]

Não há um consenso entre Mestres sobre quais posições usar, várias são as

---
[46] Daí a técnica do Byosen não ser praticada pelos Ocidentais. Particularmente prefiro a aplicação intuitiva. Deixo minha intuição guiar aos pontos necessários para aplicação, mas quando não sinto nada ou quando quero uma aplicação mais rápida e prática, faço uso das posições de Takata.

sequências ensinadas.

Ensinarei a seguir sequências mais comuns para aplicação em outras pessoas e autoaplicação:

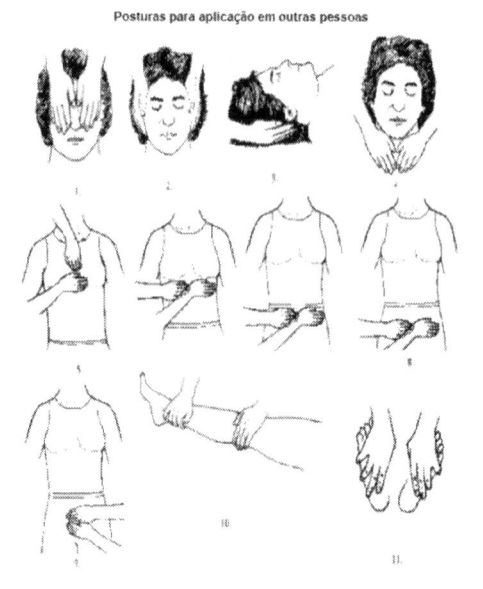

Posturas para aplicação em outras pessoas

Imagem tirada da internet

Posturas para auto aplicação

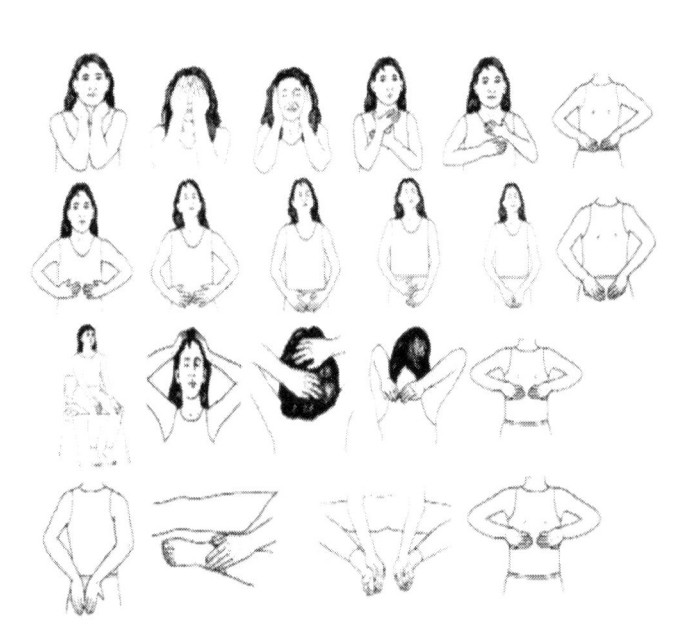

Imagem tirada da internet

Alguns Mestres ensinam que as aplicações iniciam pelos pés, baseado em tonificação por reflexologia, mas entendo que as orelhas também apresentam esta relação de interdependência reflexiva.

Há quem oriente aplicar também nos joelhos, mas não costumo fazer e, embora não seja comum, gosto de incluir uma posição formada por uma das mãos sobre o Chacra Frontal (testa) e a outra sobre o occiptal (nuca).

Aplicar nas posições das costas é recomendável, mas opcional.

Ao trocar de posição, deve fazê-lo de modo suave movendo uma mão de cada vez, para que o fluxo permaneça constante.

Qual sequência escolher, e se seguir ou não uma sequência completa ou misturar as duas, aproveitando todas as posições ensinadas, depende da intuição do Reikiano. A intuição deve sempre vir em primeiro lugar.

O tempo de permanência em cada posição depende da necessidade do receptor36, à medida que aumentamos nossa sensibilidade, passamos a perceber o momento de mudar de posição. Enquanto isso não for possível, fique de 3 a 5 minutos em cada posição, mas, importante, não se atenha a relógios e tempo. Confie em sua intuição, afinal, você é um Reikiano e não está sozinho no processo.

Podemos comparar a imposição de mãos com o regar de um jardim. O solo absorve a água (energia), que fui do regador (fonte). Você (canal) apenas sustenta o regador, mas nada flui de você. Enquanto não fizer automaticamente (o que um dia acontecerá de maneira espontânea), mantenha uma ordem mental de que é apenas um canal e que a energia (dor) do paciente não será absorvida por você.

Independente do método escolhido para aplicação **Não esqueça de, sempre, pedir autorização para envio do Reiki.**

4 REIKI E RADIESTESIA/RADIÔNICA

Radiestesia é a técnica que possibilita medir a energia e, com isso, avaliar como estão chacras e corpos áuricos.

Radiônica é a emissão de energia por meio de ondas de formas, ou seja, aparelhos ou figuras geométricas capazes de emetir energia.

E como associar as 2 técnicas com Reiki?

Primeiro devemos escolher qual será nosso pêndulo de trabalho. Há uma vasta linha para escolher, escolha aquele que mais chamar sua atenção, porém, um detalhe importante: use materiais neutros como madeira e metal, não use pêndulos de cristais pois o cristal é emissor de energia e poderá interferir na avaliação.

Escolhido seu pêndulo é necessário fazer sua programação como ensinado no vídeo Como Trabalhar com o Pêndulo[47]

4.1 Radiestesia e Reiki

Com a Radiestesia podemos avaliar como estão os chacras e corpos áuricos do cliente antes e depois da aplicação, bem como diagnosticar os pontos de desequilibrio e acompanhar sua evolução ao longo do tempo.

Como no nível 1 o atendimento é apenas presencial, ensinarei aqui apenas a análise presencial, a análise a distância será objeto de estudo do nível 2

PARA AVALIAR CHACRAS E CORPOS ÁURICOS

Quando o cliente estiver presente coloque o pêndulo em frente a cada chacra[48], pergunte como está o chacra x (nome do chacra correspondente) e veja a resposta: Se o pêndulo rodar para a direita está equilibrado, se rodar para esquerda está desequilibrado.

Caso queira aprofundar e analisar quanto está o desequilibrio, use o Gráfico Analise Geral. Peça ao cliente para colocar o dedo no círculo em branco do gráfico, pergunte qual o índice de desequilibrio do chacra x e veja para onde o pêndulo aponta.

Para avaliar os corpos áuricos com o cliente presente, aponte o pêndulo para a palma de sua mão e pergunte como está o Primeiro Corpo, o Segundo... Se o pêndulo rodar para a direita está equilibrado, se rodar para esquerda está desequilibrado.

Caso queira aprofundar e analisar quanto está o desequilibrio, use o Gráfico Analise Geral. Peça ao cliente para colocar o dedo no círculo em branco do gráfico, pergunte qual o índice de desequilibrio do corpo x e veja para onde o pêndulo aponta.

---
[47] Vide gráficos de treinamento em material complementar.
[48] Vide apostila Anatomia Energética em material complementar

Faça isso antes e depois da aplicação ou a cada sessão para avaliar a evolução energética do cliente, verificando como cada chacra reage com o tratamento.

PARA ENCONTRAR PONTOS DE DESEQUILIBRIO (BYOSEN)[49]

Com o cliente deitado coloque o pêndulo sobre sua cabeça e pergunte em qual região há desequilibrio em Fulano de Tal.

Percorra o pêndulo, vagarosamente, sobre seu corpo em linha reta da cabeça aos pés e observe onde ele gira para direita, dando a resposta positiva.

Nas regiões de giro do pêndulo faça uma busca mais detalhada, percorrendo o local com o pêndulo e vendo onde gira para a direita. Aí estará o ponto exato de desequilibrio para aplicação de Reiki.

Para confirmar, você pode ativar a energia e verificar o Byosen.

Faça antes e depois da sessão de Reiki.

4.2 Radiônica e Reiki

O Reikiano pode aproveitar do Grafico Reiki para enviar a energia à distância.

Por ser uma técnica de envio à distância, será ensinada no nível 2.

PARTE 3 - LINHAGEM REIKIANA

Após a iniciação, o Reikiano passa a pertencer a uma árvore ou linhagem de mestres que o leva até Mikao Usui. A cada novo mestre iniciado, a cadeia se expande.

Conhecer a linhagem de Reiki a que você pertence, é uma forma de você saber o caminho que este conhecimento percorreu para chegar até você. Isto não significa que a linhagem de um mestre é mais importante que a de outro, mas indica que a sintonização recebida está de acordo com a tradição ensinada por Mikao Usui. Significa também, que você passa a pertencer à família desses mestres, que passam a auxiliá-lo e orientá-lo, quando solicitados.

A Linhagem da autora está a seguir.

---

[49] Sugiro a prática apenas para Radiesesistas mais experientes ou que faça treinamento constante, confirmando com o Byosen até adquirir prática e segurança com o pêndulo

MIKAO USUI						
JUZABURO USHIDA	CHUJIRO HAYASHI					
KANICHE TAKETOMI	HAWAYO TAKATA					
HOULCHI WANAMI	PHYLLIS LEI FURUMOTO				ARTHUR ROBERTSON	
KIMICO KOYAMA	PAT JACK/CAROL FARMER	CLAUDIA HOFFMAN	B. MULLER	RICK-EMMA FERGUNSON	
DOI HIROSHI	CHERIE APERSHN/LEAN SMITH	MARY SHAW	A MORGELLI	MARGARETE SHELDON	
JHONNY D'CARLI	WILLIAN LEE RAND	CHISTINE HENDERSON	Q MAURER	SYMON TRESELYAN	
ANTONIO MELO	GISELI DHE SIMONI	BRUCE WAY	M. ARMAND	HOLLI BLAKWELL	
BENJAMIM LEVI	GABRIEL CESAR DIAS LOPES	NELSON PEREIRA DOS SANTOS	EARTH HEALER ACADEMY	J. A. FALK	YUDHA EKA PUTRA
TERESA/MARIA J MATEUS/MANUEL MARTINS	CARLOS ALBERTO FRANÇA	MARCOS TERIER FERNANDES	DRA ANTONIA RUHL	E. WARNECKE	ANA RODRIGUES
ANA RODRIGUES	REBOUÇAS JUNIOR RAFAEL MARTINS BASTOS EDGAR STEFANI RODRIGUES M DE SOUZA	CANDIDO BERDINATO	VALÉRIA AGUAIARCUNHA/EVA MARIA FRANÇA	A. NEUNAST	
			LUIZ FRANKLIN DE MATTOS SILVA	K. KHUS	
			PLINIO GANZER MOREIRA	A. SRDOC	
			PROJETO	B. ECKER-	

			LUZ	FLAGG	
				S. R. WOMACK	
				Z. ZELDINA	
				P. PAVLOV	
				J. VANHOVE	
				T. MAYER	
				REV NICOLAE OPRICĂ	
				OLE GABRIELSEN	
				VICTOR GANCKOPF	
				JAY BURREL	
				LINDA COLIERT	
				CUZCO TEREZA RUBIOLO	
GEOVANE MOREIRA JORGE BARBOSA LEITE						

REIKI USUI
MÉTODO REI-SHUI
NIVEL 2 - OKUDEN

ORAÇÃO DO REIKIANO

Hoje ofereço as minhas mãos para que a luz se faça e transmute toda escuridão, para que minha vida retorne a plenitude da obra eterna da cura e do amor. Ofereço minha humildade, reconhecendo que sou apenas um canal, sou parte entre a Fonte Inesgotável e o ser que reivindica o direito de se reconectar com a Força Eterna. Ofereço meu silêncio em respeito a todos os sons que atuam no ato de harmonização e faço uso das palavras sempre que se abre a oportunidade para expandir sabedoria e luz, criando assim em todas as mentes um terreno fértil para que o amor possa nascer.

Criador fortaleça meus propósitos e minhas certezas de trilhar esse caminho distribuindo a alegria, sabedoria, amor e a cura, vivenciando a cada novo dia o prazer de experimentar os cinco princípios do Reiki que me fazem mais feliz, consciente que hoje é a porta de entrada de todos os tempos.

Assim seja!

PARTE I - INTRODUÇÃO

OKUDEN – A TRANSFORMAÇÃO

O nível 2 de Reiki está disponível a você que recebeu o nível 1 de um mestre habilitado e sente-se pronto a dar mais um passo na jornada de Reiki.

Para isso, você irá receber uma nova Iniciação (sintonização energética) com 2 Símbolos, a qual elevará seu padrão vibratório e novamente passará por um processo de purificação e adaptação por aproximadamente 21 dias.

Com Segundo Símbolo, a energias curativas que agem intensamente no campo emocional e mental, proporcionando um aumento significativo na sua capacidade de cura, pela transformação dos sintomas ao trabalhar a origem dos desequilíbrios e bloqueios (lembrando que no Tratamento Holístico acredita-se que as doenças, físicas ou não, tem origem no emocional)

Por sua vez, o Terceiro Símbolo lhe dará acesso a uma ferramenta de valor inestimável: a Cura à Distância. Com ele abre-se uma fenda no tempo-espaço, tornando-nos capazes de realizar cura em alguém até do outro lado do planeta ou enviar a energia para um evento passado (curando traumas) ou futuro.

PARTE II - GERAL
1- OS SÍMBOLOS DO NÍVEL II

Eu pessoalmente não acredito que os símbolos são secretos, apesar de que alguns Mestres o façam. Eles existem no Japão e são escritos em todo tipo de objetos visíveis ao público.

Os símbolos não têm nenhum "poder secreto". Os símbolos em si não têm poder, eles não são a energia, mas apenas sua representação.

Para que esses símbolos funcionem, você deve ser sintonizado neles. O que acontece durante a sintonização é que lhe é dada uma conexão com a energia, através deles e eles se tornam uma representação mental que auxilia o seu foco com eles.

Os símbolos do Reiki não eram parte dos ensinamentos originais de Usui, mas eles foram adicionados ao sistema Reiki muito depois, desenhados para auxiliar àqueles que tinham pouca ou nenhuma experiência com energia, de forma que pudessem se conectar mais facilmente com a energia e usar o sistema. Os símbolos eram "círculos de treinamento" e uma vez que você tinha uma conexão forte com a energia eles não eram mais necessários.

Em seu nível mais simples, eles são uma ferramenta de estímulo à resposta. O simples fato de desenhar ou visualizá-los (estímulo) leva-o à conexão com a energia (resposta). São as rodas de treinamento em uma bicicleta que são usadas enquanto são necessárias e então removidas (como todos os condicionamentos) quando não são mais úteis. São o mapa, não o destino ou a jornada.

1.1 SEI HE KI – A Cura do Corpo Emocional e do Subconsciente

O segundo símbolo é o Sei He Ki, pronunciado como "sei re qui". Significa "Deus e homem se tornam um" e é considerado o símbolo da transmutação. Conforme a história "oficial" da codificação do Reiki, Mikao Usui o viu na cor verde-folha, a cor do Chakra Cardíaco, que representa cura e renovação.

Conhecido como o símbolo para o corpo emocional e para harmonia, é usado para curar hábitos mentais/emocionais que não lhe servem mais e para estresse emocional/mental. Também é usado para trazer à tona e curar problemas emocionais subjacentes a problemas físicos. Ele ajuda a reforçar e suportar mudanças positivas de hábitos.

Quanto mais praticarmos atividades terapêuticas, mais temos certeza de que a grande maioria dos problemas físicos têm origem emocional. Sentimentos como medo, insegurança, ira, ódio, mágoa, frustração, pena, culpa, solidão, depressão, crises nervosas, são causas das doenças humanas. Quando utilizamos o Sei He Ki nos dirigimos mais especificamente aocorpo emocional que, em muitos casos, é a chave da cura. Logo, recomenda-se a utilização do Sei He Ki na maioria dos tratamentos.

Este símbolo dilui os padrões negativos advindos de qualquer conflito sensorial (sentimentos, lembranças, etc.), ajudando-nos a descobrir as causas escondidas do nosso consciente dentro de nós, causas profundas. Assim fica mais fácil curar, pois este símbolo faz a pessoa descobrir onde está o problema que precisa ser trabalhado, conduzindo à origem dos padrões mentais negativos, coisas mais profundas como memórias passadas relacionadas com a infância, a condição intra-uterina, hábitos indesejáveis, vícios, registros kármicos e lembranças negativas de outras vivências.

Alinha os quatro chákras superiores e trabalha, principalmente, os Chákras Cardíaco e Plexo Solar, que recebem mais diretamente a energia do nosso corpo áurico emocional, curando-os dos bloqueios emocionais que estavam seguros nesta região de nossa aura. A pessoa receptora volta a se conectar com este aspecto emocional o suficiente para processá-lo e curar-se dele. Aumenta o fluxo da energia cósmica nos Chákras Laríngeo, Frontal e Coronário ampliando a sensação de bem-estar. Atua na região da cabeça, no subconsciente promovendo equilíbrio, harmonia e tranqüilidade.

Aliado à meditação amplifica o relaxamento e possibilita alcançar mais facilmente estados alterados de consciência.

Extremamente útil em casos de pessoas com mediunidade ou dons psíquicos dos quais ainda não tem controle, assim como, a sensibilidade e facilidade de absorver emoções e sentimentos de pessoas e ambientes.

Possibilita a liberação de emoções escondidas ou que buscamos negar. Por atuar na origem dos problemas emocionais poderá fazer emergir a raiz dos conflitos geradores desses males.

É possível que no princípio do tratamento, o receptor perceba um agravamento da situação. Não há razão para preocupação, pois isso é um processo natural. É como derrubarmos um prédio para a construção de um novo.

Desbloqueia problemas energéticos causados por traumas, maus sentimentos, más lembranças, conflitos, hábitos indesejados, vícios, compulsões, traumas, registros kármicos, lembranças negativas de outras vivências, etc.

Nas aplicações com o Choku Rei, a energia reiki passa atuar no nível emocional após impregnar o nível físico; com o Sei He Ki, basta ativá-lo para que a energia passe a atuar no nível emocional e essa harmonia em nível emocional reflete-se no nível físico. O Choku Rei potencializa a energia Reiki; o Sei He Ki a modulariza.

É útil tanto em tratamentos de humanos como nos de animais.

Os animais domésticos que mantém laços de carinho muito intensos com seus donos, estão propensos a participar do mal-estar dos mesmos, trazendo sacrifícios tais como: medos, depressões, frustrações, etc. Os animais podem absorver cargas de seus donos e de suas casas, vindo a falecer. Eles assumem o papel de purificar o ambiente onde vivem.

Assim como o Choku Rei, podemos traçá-lo nos alimentos antes de ingeri-los, desta forma iremos purificá-lo e transmutar as emanações deletérias que podem estar presentes.

Na impossibilidade de se fazer isso, é aconselhável que o façamos logo após a refeição.

Este símbolo traçado assemelha-se com um dragão. Nas culturas antigas, principalmente a chinesa, o dragão representa a capacidade de renascimento, renovação, mudança, coragem para realizar as coisas e bravura ao enfrentar obstáculos míticos, mágicos, emocionais ou condicionamentos espirituais (karma).

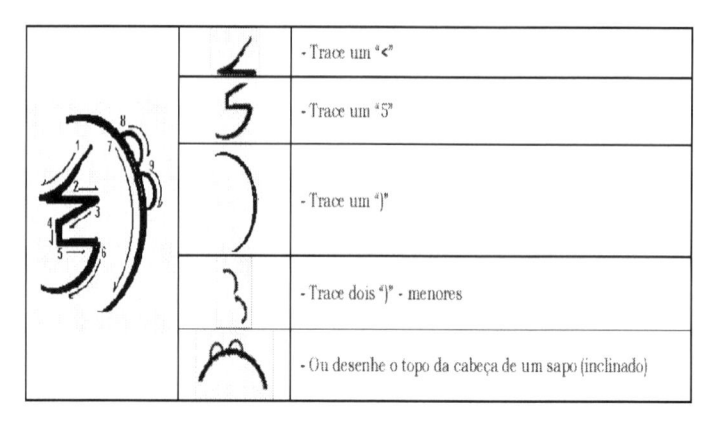

	↙	- Trace um "<"
	5	- Trace um "5"
	)	- Trace um ")"
	}	- Trace dois ")" - menores
	⌒⌒	- Ou desenhe o topo da cabeça de um sapo (inclinado)

Algumas aplicações do Sei He Ki:

- Limpa energias negativas (em conjunto com o Choku Rei);
- Protege, bloqueando um ambiente para que não entrem energias emocionais negativas (preferencialmente, em conjunto com o Choku Rei);
- Ajuda a manifestação de emoções bloqueadas.

1.2 HON SHA ZE SHO NEN – A Cura do Corpo mental e Tratamento à Distância

O terceiro símbolo, Hon Sha Ze Sho Nen, focaliza a mente consciente, diferente do Sei He Ki que focaliza o subconsciente e o emocional. Deve ser utilizado em conjunto com os outros dois, na seqüência 3, 2, 1.

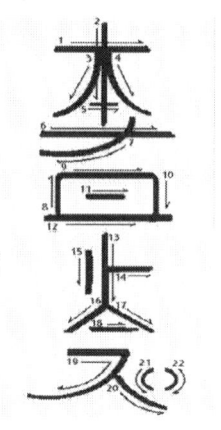

Conforme a história "oficial" do Reiki, Mikao Usui, em sua meditação o viu na cor azul índigo, cor da devoção e idealismo.

É utilizado para enviar Reiki à distância, podendo a energia ser projetada para o outro lado da sala ou a qualquer canto do planeta ou universo com a mesma facilidade. Ao utilizarmos o HSZSN, a distância entre o agente e o receptor se desfaz, permitindo a interação de campos áuricos, ampliando o espaço de atuação que é transformado.

Não havendo o conceito de espaço há a possibilidade de acesso a grandes estruturas como um prédio, uma cidade, um país e até mesmo o planeta.

Assim como a distância, esse símbolo rompe a barreira do tempo. É um instrumento de intervenção nas "ondas quânticas", levando a um "continuum" de tempo. Passado, presente e futuro se integram.

Possibilita que a energia atue em qualquer época do passado ou futuro como se as situações a serem tratadas estivessem se manifestando neste momento. Possibilita a manifestação de um portal energético para conectarmo-nos com outros seres, mundos e níveis de percepção.

Atua em nível mental, fora do tempo linear, podendo tratar traumas da infância, assim como de vidas passadas.

Quando projetado para o passado influencia e reprograma situações, suavizando suas conseqüências e quando projetado para o futuro programa as situações para que ocorram em harmonia com o Cosmos.

A tradução do mantra Hon Sha Ze Sho Nen como "nem passado, nem presente, nem futuro" nos proporciona uma indicação de seus múltiplos usos. Pode ser traduzido, também, como: "A divindade que existe em mim saúda a divindade que existe me você", "O Buda que existe em mim vá de encontro ao Buda que existe em você", ou, "A casa da luz brilhante (A casa de Deus) venha a mim neste momento (imediatamente).

O Hon Sha Ze Sho Nen é um kanji japonês (uma forma de escrita do Japão originada na China). Ideogramas são palavras, kanjis são frases. Desta forma, contém uma mensagem. Considerado um Sutra por conter uma instrução ou mensagem de sabedoria. Cada traço tem um significado como veremos a seguir:

1	——	O Céu
2	|	desce à terra
3	)	e cria
4	\	o ser humano
5	—	o céu (a consciência divina) está dentro do homem
6	——	o homem tenta construir o céu na terra viver com Deus na terra)
7	⌣	o céu desce à terra através dos atos dos homens
8	|	
9	—	e o homem cria a casa de Deus
10	|	
11	-	o céu só está dentro da casa de Deus
12	—	o céu só existe por causa da casa de Deus
13	|	o céu só se manifesta na casa de Deus
14	—	só os homens de deus merecem o céu (êxodo)
15	|	Deus manda alguém lembrar que estamos errados o céu desce à terra fora da casa de deus)
16	/	o homem impuro
17	\	
18	—	os homens impuros ganham o céu
19	⊃	o homem impuro traz o céu à terra
20	⌢	a morte ou fim de tudo
21	⊂	nascimento
22	⊃	salvação aos filhos dos seus filhos

Imagem tirada da internet

2 A ÉTICA DO NÍVEL II

Uma grande parte do Reiki nível II é a Cura à Distância. Este é um processo de utilização de uma variedade de métodos e o símbolo de distância do Reiki para enviar a energia para alguém que não esteja no mesmo lugar que você. Pode ser em qualquer lugar do mundo. Por causa desta habilidade de enviar o Reiki a qualquer lugar, é importante que você faça a cura somente com a permissão da pessoa.

Existem ocasiões em que uma pessoa não consegue pedir diretamente a cura. Algumas vezes, você é solicitado a curar alguém através de um amigo ou parente da pessoa (por exemplo: "- Meu amigo tem câncer, você poderia enviar o Reiki para ele?"). No caso de auxílio a uma terceira parte, obtenha a permissão antes. Tenho feito o trabalho de cura à distância em várias pessoas e sempre obtenho permissão antes de enviar.

As pessoas se agarram às suas doenças o tempo todo se elas servem à alguma função específica (por exemplo: ter suas necessidades atendidas, serem cuidadas por outras pessoas, etc). Tenho ouvido pessoas me dizerem que outros rejeitaram verbalmente suas ofertas de cura e que elas decidiram enviar o Reiki assim mesmo. Eu imploro que elas não façam isso. Respeitem as escolhas alheias, não importa o quanto você não concorde com elas. Recebi um e-mail de uma pessoa que me informou que seu pai era um cristão devotado que acreditava que o Reiki não vinha de Deus e, portanto, não queria que o Reiki fosse enviado para ele. Ele decidiu que o pai era desinformado e decidiu mandar assim mesmo. Isso para mim não é ético.

Alguns mestres ensinam que se não é possível obter a permissão da pessoa, você pode requerer permissão do "Eu Superior" da pessoa. Você deve estar se perguntando "o que isso significa?" Pessoas falam de se conectarem aos "Eus Superiores" dos outros e que eles podem de alguma forma saber o que o "Eu Superior" da outra pessoa pode querer. Parece-me baseado no ego. Se você não tem permissão da pessoa, não envie Reiki. Você deve respeitar as decisões das pessoas, independente de como você possa se sentir com relação à situação. Isso frequentemente expõe nossas próprias preocupações sobre ego e controle. Não pense que você sabe melhor que a pessoa, é a vida e corpo dela e, definitivamente, é a opção dela. Se você não receber a permissão, não continue com a cura. Forçar a sua própria vontade em outros nunca é aceitável. Você não deve nunca forçar a cura em outro. Isto é brincar com a vida alheia e Karma, o que não é uma boa idéia. Nunca assuma que outra pessoa deseja ser curado, mesmo quando ela diz que sim. Se ela pedir, envie o Reiki e permita ao Reiki fazer o que for o maior bem para ela.

Reiki é Budista na origem. Metta (bondade amorosa) e Karuna (compaixão) são duas grandes virtudes no Budismo. Baseado nisto, você deve estar inclinado a pensar que você deve sempre ser livre para enviar para os outros, permitido ou não. Mas quando nós enviamos sem permissão, estamos removendo do outro o direito de escolher encerrar seu sofrimento, das importantes lições que ele precisa aprender para findar seu sofrimento.

Há a história de um garoto que viu pintos quebrando as cascas dos ovos. Ele viu um deles se esforçando para quebrar a casca do ovo com seu próprio bico e teve compaixão com ele e auxiliou a pequena ave. O pássaro rapidamente saiu da casca e tornou-se doente, sem condições de andar e morreu. Quando foi privado de seu esforço, ele não aprendeu o que era necessário e morreu. Intenção é a chave de tudo e algumas vezes nós podemos prejudicar o que queríamos curar.

Quando você sente a compulsão de enviar Reiki para aqueles que não lhe deram permissão, você pode querer perguntar a si mesmo o que há na situação que está lhe incomodando. Por que a necessidade de enviar, intervir, resgatar, salvar... Uma vez que você sabe que aprenderá uma lição valiosa em seus próprios condicionamentos. Talvez a solução quando você sente a necessidade de enviar para outra pessoa sem a sua permissão é enviar para você mesmo que está sentindo o desejo de enviar Reiki. Conforme esta necessidade o Reiki remove e cura seu desejo.

De qualquer modo, o Reiki não pode ser usado para prejudicar.

3 SUGESTÃO DE PREPARAÇÃO PARA RECEBER E ENVIAR REIKI À DISTÂNCIA

Antes de Enviar:

Sente-se confortavelmente, faça respirações abdominais (ao inspirar expanda o seu abdômen e ao exalar o contraia).

Repouse suas mãos sobre suas coxas, com as palmas para cima.

Foque apenas esse momento.

Ative a energia através do símbolo ou apenas mentalize a intenção de canalizá-la.

Mentalize uma luz dourada impregnando todo o ambiente.

Mentalize a intenção de integrar-se ao encontro de reikianos do Planeta.

Ao inspirar, você absorve essa energia pelo seu coronário, ela impregna todo seu ser, e todos os níveis.

Ao exalar ela é projetada através de seu cardíaco e suas mãos a todos os participantes deste encontro.

Permaneça 10 minutos compartilhando essa dádiva.

Antes de Receber:

Deite-se confortavelmente, faça respirações abdominais (ao inspirar expanda o seu abdômen e ao exalar, o contraia).

Relaxe inteiramente.

Foque apenas esse momento.

Mentalize uma luz dourada impregnando todo o ambiente.

Mentalize a intenção de integrar-se ao encontro de reikianos do Planeta.

Mentalize raios de energia dourada, vindos de todas as direções.

Ao inspirar, você absorve a energia pelo seu coronário, ela impregna todo seu ser, e todos os níveis.

Ao exalar toda energia estagnada, todo estresse acumulado é eliminado.

Permaneça aberto(a), receptivo(a) e permita que a energia atue conforme sua necessidade e merecimento.

Permaneça 10 minutos recebendo esta dádiva.

PARTE III - TÉCNICAS DE TRATAMENTO COM O NÍVEL 2

Para as técnicas de tratamento presencial, ativar a energia e fazer o diagnóstico como ensinado no nível 1.

Para o envio à distância, ativar a energia e enviar, escolhendo a técnica que melhor lhe agradar.

1 HATSUREI-HO

Significa "emanar a Energia Universal". É um conjunto das técnicas KENYOKU, JOSHIN KOKYUU-HO, GASSHO E REIJI-HO. Visa alcançar a autopurificação e elevar o padrão vibratório do praticante de Reiki.

Deve ser praticada duas vezes ao dia, de manhã e à noite.

No Japão, a postura ideal para a prática de Hatsurei-Ho é a Seiza (forma tradicional japonesa de sentar no tatame e manter uma postura correta): sem tensão, dobre as duas pernas juntas, mantendo a coluna ereta.

Imagem tirada da Internet

Pode-se também praticá-la em pé, sentado ou com as pernas cruzadas.

O procedimento completo consiste em oito etapas:

1 – SHISEI
- Sente-se em posição confortável;
- Feche seus olhos e remova todas as tensões do corpo e relaxe;
- Dirija sua consciência para o Tanden;

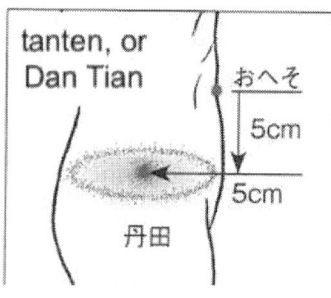

Imagem tirada da Internet

• Ponha suas mãos sobre as coxas com as palmas para cima.

2 – MOKUNEN
• Concentre-se em seu subconsciente e intencione para fazer o Hatsurei.-Ho.

3 - KENYOKU
. Tocar com a mão direita o ombro esquerdo, em seguida deslizar com a mão obliquamente, como se estivesse desenhando uma faixa, na direção do quadril direito;

. Tocar com a mão esquerda o ombro direito, deslizando em direção ao quadril esquerdo;

. Repetir o primeiro processo mais uma vez;

. Tocar novamente com a mão direita o ombro esquerdo ou o meio do antebraço, deslizando rapidamente pela lateral externa, para baixo, passando a mão esquerda pelo pulso em direção à ponta dos dedos, que devem estar esticados;

. Fazer o mesmo com a mão esquerda, deslizando-a rapidamente para baixo até as pontas dos dedos;

. Agradecer em prece e levar as mãos novamente sobre suas coxas.

4 - **CONEXÃO COM O REIKI**
• Mova suas mãos, em concha, palmas voltadas para cima, juntas lado a lado (unidas pelos dedos mínimos), de suas coxas para cima a uma altura de 20 cm (na frente de seu corpo) mantendo seus braços num ângulo de 90º (paralelos às suas coxas) ou eleve suas mãos acima da cabeça, braços estendidos e dedos esticados apontados para o alto e conecte-se com a energia Reiki.

5 – JOSHIN KOKYUU-HO
• Lentamente desça as mãos ao colo, pousando-as relaxadamente com as palmas

viradas para cima, como se estivessem "segurando ovos". Procure trazer bons pensamentos à mente. Inspire calma e profundamente pelo nariz, visualizando a entrada de energia, na cor branca, pelo chakra coronário;

• Leve a mente até a região Tanden (próximo ao chakra umbilical aproximadamente 3 a 5 cm abaixo do umbigo) e ouça sua própria respiração. Retenha a energia, segurando a respiração. Não há um tempo específico para manter a retenção. Sinta que a energia expande-se e irradia-se para todos os órgãos, para cada célula do corpo;

• Ao expirar (pela boca, de preferência), imagine estar liberando a energia também pelos chakras das mãos, pontas dos dedos e chakras dos pés.

6 – GASSHO

. Sentado, coluna ereta, coloca as mãos unidas na direção do cardíaco e medite por alguns minutos (pode repetir os 5 princípios neste momento 7 – SEISHIN TOITSU (para concentração da mente)

• Dirija sua consciência para o Tanden e concentre sua mente;

• Inspire profundamente visualizando a energia Reiki entrando pelas pontas de seus dedos de ambas as mãos dirigindo-se para seu Tanden;

• Expire visualizando a energia Reiki subindo do Tanden até as pontas de seus dedos para fora, vigorosamente;

• Continue fazendo até que você se sinta como se estivesse respirando elas palmas de suas mãos.

7 – SEISHIN TOITSU (para concentração da mente)

• Dirija sua consciência para o Tanden e concentre sua mente;

• Inspire profundamente visualizando a energia Reiki entrando pelas pontas de seus dedos de ambas as mãos dirigindo-se para seu Tanden;

• Expire visualizando a energia Reiki subindo do Tanden até as pontas de seus dedos para fora, vigorosamente;

• Continue fazendo até que você se sinta como se estivesse respirando pelas palmas de suas mãos.

8 – MOKUNEN

• Traga suas mãos novamente sobre as suas coxas, palmas para cima, em concha e diga mentalmente ao seu subconsciente: "O Hatsurei-Ho está completo";

. Abra seus olhos ou fique em Meditação Gassho por alguns minutos.

2 TANDEN CHIRYO-HO (tândénchíliorrô)

TANDEN: abaixo do umbigo

CHIRYO: tratamento

HO: técnica.

Também conhecida por GEDOKU CHIRYO-HO, onde GEDOKU: veneno ou toxina.

É uma técnica para desintoxicar através do ponto tanden. Eficaz nos casos de intoxicação medicamentosa, intoxicação alimentar ou doenças de pele.

Há vezes em que o receptor pode ter reações de liberação bastante intensas, desagradáveis e sérias.

Essas reações são mais comuns no início do tratamento, fazendo com que a pessoa se sinta pior do que antes do tratamento começar. A piora temporária é proporcional à quantidade de material tóxico retido nas células mortas ou em mau funcionamento no corpo.

Essa liberação de toxinas do corpo é conhecida como crise curativa (catarse). Sem essa liberação, os bloqueios permanecem reprimidos, desaparecendo apenas superficialmente, podendo retornar o mal estar.

Todas as toxinas que se acumularam no organismo por vários anos serão expurgados depois desta técnica.

Para aplicar a técnica faça o seguinte:

- Leve uma das mãos ao chakra frontal do receptor e a outra no ponto Tanden (três dedos abaixo do umbigo). Mentalmente peça que as toxinas sejam expelidas do corpo pela energia Reiki;
- Em seguida, retirar a mão que está no chakra frontal e colocá-la ao lado ou sobre a mão que está no ponto Tanden, aplicando Reiki por um período de 10 a 30 minutos;

Se uma única aplicação não fizer efeito, devem ser realizadas duas ou três sessões, até que haja um bom resultado.

A melhor posição para realizar esta técnica é com o receptor deitado com o rosto para cima para poder relaxar.

3 HESSO CHIRYO-HO
(réssôchíliorrô)

HESSO: umbigo

CHIRYO: tratamento

HO: técnica

Esta é uma técnica de aplicação de Reiki pelo umbigo.

O cordão umbilical estabelece a ligação da mãe com o feto. O sangue arterial, vindo da placenta, penetra no corpo do feto pela veia umbilical, que se divide em dois ramos: um vai para o fígado e o outro para o coração.

A nível etérico, estas conexões continuam a existir mesmo após o nascimento, portanto, o umbigo é o ponto de origem das pessoas e de muitas doenças.

Quando focamos o centro do corpo estamos trabalhando todo o corpo.

Temos a sede de nossas emoções no estômago que está próximo ao umbigo. Estas emoções são responsáveis por grande parte de nossa desarmonia.

4 GYOSHI-HO (guioshírrô)

GYOSHI (fixar o olhar) e HO (técnica).

Esta técnica nos permite aplicar Reiki com os olhos.

Além das mãos e da boca, é possível irradiar energia pelos olhos.

Pelos olhos entram e saem diferentes tipos de energia.

Para aplicar a técnica Gyoshi-Ho, siga como abaixo:

. Ative a energia

• Faça as técnicas Kenyoku, Joshin Kokyuu-Ho, Gassho, Reiji-Ho e Hesso Chiryo-Ho;

• Faça o diagnóstico energético

• Olhe para a área receptora. Mantenha os olhos relaxados, não buscando focalizar a imagem, nem concentrar o foco visual ou olhar fixamente.

Simplesmente direcione o olhar à área a ser trabalhada, de forma desfocada, leve e suave. Mantenha pelo tempo que achar necessário.

5 KOKI-HO (coquírrô)

KOKI (soprar) e HO (técnica).

É um tratamento feito através do sopro ou insuflação.

Utiliza-se de preferência do ar fresco e da respiração em conjunto com o símbolo Choku-Rei. Seu efeito é calmante.

Recomenda-se Koki-Ho em casos de dores em geral, problemas nas articulações e na coluna vertebral, enxaquecas, cólicas hepáticas, queimaduras,

ataques nervosos, crise de epilepsia, etc.

Para a realização desta técnica é necessário que o praticante de Reiki tenha cuidados especiais de saúde principalmente com os órgãos ligados ao aparelho respiratório e digestivo.

• Inspire ar fresco pelo nariz. Os nadis de absorção de Prana estão conectados às narinas;

• Imagine o ar inspirado entrando pelo chakra coronário, descendo até o Tanden. Prenda a respiração e, no céu da boca, desenhe o Choku-Rei mentalizando o kotodama três vezes;

• Posicione os lábios como se estivesse assobiando, assopre com rapidez e vigor sobre a parte que deseja atuar, como se fosse apagar uma vela acesa à distância, imaginando que o símbolo está sendo expirado no local tratado;

• Repita o processo quantas vezes achar necessário.

Esta técnica é executada a uma distância variável entre 30 centímetros a um metro do receptor.

6 SEIKAKU KAIZEN-HO (seicácucáizenrrô)

SEIKAKU: caráter

KAIZEN: melhorar

HO: técnica.

Também conhecida por NENTATSU

NEN: pensamento

TATSU: atingir.

Doi Hiroshi[50] denomina esta técnica de SEIHEKI CHIRYO-HO.

A doença geralmente nasce na mente, com pensamentos negativos. Nada ocorre que não seja primeiro um pensamento.

Esta técnica visa melhorar a personalidade, pensamentos, hábitos ou costumes. Deve ser aplicada várias vezes até que seja atingido o objetivo.

Podemos alterar nossas vidas através de mudanças de nossas atitudes mentais. O que está fora é um reflexo do que temos dentro.

A técnica Seikaku Kaizen-Ho é um método para ajudar a desenvolver uma atitude positiva perante as difíceis situações.

O pensamento se alimenta de tudo que absorvemos ingerindo, ouvindo ou sentindo. Tudo é construído a partir da mente, responsável pelo pensamento. A mente humana grava e executa tudo que lhe é enviado através de palavras, pensamentos ou atos, seus ou de outros.

O praticante de Reiki dá o apoio e a energia do Reiki, cabendo ao receptor abrir-se e assumir a responsabilidade por sua saúde, mudando seu estilo de vida adquirindo bons hábitos alimentares, de vida, padrões de pensamento e emocional.

A recuperação implica na remoção de algum erro básico que cometemos.

---

[50] O formatador do método Reiki Usui Gendai Reiki Ho

Muitas vezes temos "ganhos secundários" pelo fato de estarmos doentes: ganhamos mais carinho e atenção. Assim, inconscientemente resistimos à recuperação para não perdermos os privilégios, passando assim a "gostar" de estarmos doentes.

Para praticar esta técnica proceda da seguinte maneira:

• Colocar um das mãos no chakra frontal e a outra mão na nuca, enviando Reiki para o subconsciente usando o pensamento para enviar mensagens ao subconsciente do receptor, ou ainda, afirmações em voz alta;

• Ao final da sessão, retirar a mão do chakra frontal e aplicar Reiki somente na parte posterior da cabeça.

Por ser uma técnica de transmissão de mensagens, recomenda-se sua aplicação sempre, em qualquer tipo de tratamento, por 1 a 2 minutos.

7 BANHO DE ENERGIA - APLICAR NO CHUVEIRO

Podemos também nos beneficiarmos com a energia cósmica durante o banho.

Ligue o chuveiro.

Ative a energia com os símbolos Sei He Ki e Cho Ku Rei.

Mentalize "Que a energia Reiki flua nessa água"

Aplique por alguns minutos Reiki no ponto onde a água sai do chuveiro e entre embaixo, desfrutando desse bálsamo.

8 ENVIO À DISTÂNCIA

O envio de Reiki para uma pessoa que está no mesmo ambiente, só que do outro lado da sala, já é à distância. A utilidade do tratamento a distância é muito grande para as situações em que o contato direto é inviável, como para pacientes com queimaduras, onde há riscos de infecção ou de contágio.

Também podemos enviar Reiki à distância para áreas de nosso próprio corpo, que são de difícil acesso, como a coluna, por exemplo.

Você poderá sentir-se em dúvida quanto à eficácia de um tratamento à distância no princípio, mas logo acontecerão situações que eliminarão qualquer dúvida.

O ideal, qualquer que seja a técnica para envio de Reiki à distância adotada, é procurar um ambiente tranqüilo e energizado, onde ninguém possa nos interromper. Além disso, devemos sentar de forma confortável, sem cruzar os braços e as pernas. Deve-se sempre procurar ter o maior número de informações possíveis do cliente.

Durante o envio, visualizar o rosto e o nome de quem receberá o Reiki, se for uma pessoa conhecida. Caso a pessoa não seja sua conhecida, utilize uma foto para facilitar a visualização, se não for possível usar uma foto, utilize o nome completo e o endereço da pessoa, tendo em mente que a energia flui até à pessoa e a atinge onde for necessária.

Não há segredos quanto ao envio, o mais importante é a intenção amorosa de que a energia atinja seu objetivo.

Importante observar alguns pontos no tratamento à distância: não devemos enviar energia à distância sem o consentimento do receptor; sempre que possível agendar um horário para o envio, evitando alcançar o receptor enquanto está dirigindo ou em afazeres que exigem atenção, pois pode causar sonolência; jamais enviar durante cirurgias, pois pode alterar a absorção da anestesia; o tratamento a distância deverá ser sempre para a pessoa, e não para a doença que a pessoa tem.

8.1 Técnica do Caderno

Normalmente utilizamos a oração para expressar ao Cosmos nossos desejos e solicitar sua ajuda. Esta técnica é uma forma de oração científica que poderá proporcionar a consecução de seus objetivos.

Imagem tirada da Internet

Estaremos unindo nossos desejos com a energia cósmica que será impregnada nos mesmos, diariamente e se manifestarão conforme nossa necessidade e merecimento.

Poderemos inserir nesta técnica todas espécies de pedidos pessoais, tudo o que desejarmos, manifestar, transformar, criar, curar, compreender, libertar. As possibilidades são ilimitadas.

Particularmente faço uso da técnica e já alcancei resultados surpreendentes.

Assim como nas demais técnicas, vale lembrar que devemos respeitar o princípio ético, não interferindo no livre-arbítrio de ninguém (como desejar o rompimento de alguém que desejamos conquistar). Neste caso, o correto será pedirmos que o verdadeiro amor manifeste-se em nossa vida.

Tenha consciência de que realmente deseja e necessita o que está pedindo, pois poderá conseguí-lo. Utilize afirmações positivas, evite a palavra não.

Ativação do Caderno

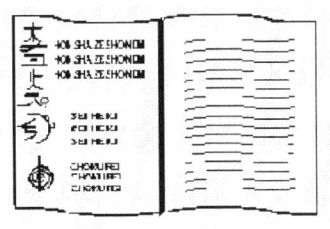

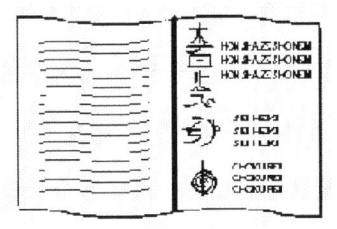

Imagem tirada da Internet

Escolha um caderno que seja prático, ou seja, pequeno, de capa dura e com pelo menos 50 folhas, que nos seja atraente.

Na contracapa desenhe os símbolos 3, 2 e 1; nessa ordem, sempre ao lado, escreva três vezes cada mantra respectivo.

Repita o mesmo processo na última capa e, em seguida, colque uma folha ou foto sobre os mesmos para não estimular a curiosidade de quem possa, eventualmente acessá-lo.

Escreva, desenhe, cole, peça o que quiser sobre cada um dos assuntos.

Lembre-se, não há limites para as manifestações.

Para ativação do caderno coloque-o sobre a mão não dominante em forma de concha (mãos de Reiki), com a outra mão desenhe os símbolos na seqüência 3, 2 e 1 sobre a capa. Aplique 5 minutos de energia no caderno entre as mãos, repita a mesma operação sobre a outra capa.

O caderno estará ativado e energizado por 24 horas. O caderno deverá ser reenergizado a cada 24 horas, aproximadamente. Os símbolos ativarão o direcionamento da energia Reiki a todos os pedidos que estiverem contidos no caderno.

A energização diária poderá ser feita em apenas 5 minutos, sobre um dos lados, sem a necessidade de virarmos o caderno como na ativação inicial.

E caso de viajar e esquecer o caderno em casa, pode ativá-lo à distância, programando a energia para que o ative no local específico.

Em caso de algum desejo não ser realizado, isso significa que há algo que deve ser resolvido antes da manifestação do mesmo. Devemos também, confiar na sabedoria Cósmica e Divina, pois nem sempre o que desejamos é o que necessitamos.

Após a realização do objetivo, escreva um agradecimento, de preferência em frente onde fez o pedido, fechando o ciclo da situação.

8.2 Técnica da Caixa

Imagem tirada da Internet

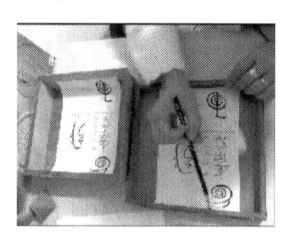

Esta técnica é uma ferramenta reikiana para praticarmos a caridade e compartilharmos essa maravilhosa dádiva com nossos semelhantes. Poderemos irradiar ininterruptamente essa energia amorosa para todas as pessoas que a solicitarem ou para situações que necessitam da mesma, sem para isso, que seja necessário todos os dados do receptor (podemos utilizar apelidos ou indicações simples, como o amigo do motorista ou atendente da venda, etc...

Foi comprovado que os reikianos que utilizam esta técnica, alcançam maiores resultados na técnica anterior (a do caderno) que os que não a utilizam. Também já a experimentei, aliás, mantenho uma caixinha de Reiki sempre ativa e os resultados são satisfatórios.

Ativação da Caixa

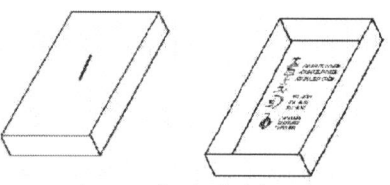

Imagem tirada da internet

Escolha uma caixa média de algum material que no futuro possa ser queimada facilmente (papelão, madeira, etc). Uma boa opção é uma caixa de sapatos.

No fundo da caixa, internamente, colocamos os símbolos 3, 2 e 1, nesta ordem, cada qual com seu mantra respectivo três vezes. Colocamos sobre os mesmos uma folha para não estimular a curiosidade de quem possa, eventualmente acessá-la. Na tampa não há necessidade de colocarmos símbolos, mas eu coloco.

Feche-a e a envolva com um papel de sua preferência. Desta forma evitamos a curiosidade de outras pessoas e a deixamos mais atraente. Deixe um orifício para a inserção dos pedidos.

Dentro da caixa colocamos pedidos de diversas pessoas, simultaneamente, a quem desejamos direcionar a energia vitral. Podemos colocar fotos, bilhetes, pedaços de tecidos ou somente o nome ou, ainda, algo que represente a pessoa destinada a receber a energia.

A ativação é feita em 05 minutos, do que mesmo modo que com o caderno e também precisa reativar a energia a cada 24hs por 5 minutos.

Quando a caixa estiver cheia, providencie uma outra e ative-a da mesma forma, você poderá optar entre continuar energizando a caixa antiga até sentir interiormente que todos os pedidos tenham sido manifestados ou inserir um pedido na caixa nova, representando os da antiga.

Desfazendo-se da Caixa e/ou Caderno

Ao sentir que deve desfazer-se da Caixa, assim como, do Caderno, escolha um local discreto, podendo ser uma mata, e acenda uma fogueira.

Antes de colocar a mesma para queimar, trace os símbolos 3 e 2 (com seus respectivos mantras).

Agradeça ao Deus de sua devoção pela manifestação dos pedidos e pela oportunidade de servir de canal para a manifestação dos mesmos. Expresse a intenção de que eles tenham sido manifestados conforme a necessidade e merecimento de cada um.

Trace o CKR (com seu respectivo mantra) e coloque-a para queimar. Durante o processo de transmutação, permaneça enviando Reiki à distância.

As cinzas poderão enterradas no local de forma que não fique resquícios da Caixa ou Caderno e de seu conteúdo.

8.3 Técnica da Redução

Nesta técnica imaginamos o receptor em um tamanho que caiba entre nossas mãos.
Há duas maneiras de fazer:
Em ambas coloque-se em uma posição confortável.

Primeiro modo:

Ative a energia com os símbolos 3 e 2 (traçando e mantrando os símbolos)
Posicione sua mão (mão de Reiki) não dominante em frente ao seu corpo (preferencialmente à altura do coração).

Repita 3 vezes: "Fulano de Tal (nome do receptor) se encontra em minhas mãos e estou enviando Reiki a ele"

Ative novamente com o primeiro símbolo.

Posicione a mão dominante em frente à outra.

Permaneça de 3 a 15 minutos enviado Reiki.

Segundo Modo:

Coloque ambas as mãos, uma em frente a outra, na altura do coração.

Ative a energia com os simbolos 3, 2 e 1.

Repita 3 vezes: "Fulano de Tal (nome do receptor) se encontra em minhas mãos e estou enviando Reiki a ele"

Permaneça de 3 a 15 minutos enviado Reiki.

8.4 Técnica do Substituto

É utilizada, principalmente quando queremos enviar Reiki para algum órgão específico do receptor (fígado, rins...).

Poderemos utilizar um boneco ou animalzinho de pelúcia para substituir a pessoa, ou, Ainda, nós mesmos ou outra pessoa.

Trace, com a mão dominante, os símbolos 3 e 2 (com os respectivos mantras) no Chákra Coronário da pessoa ou boneco que servirá de substituto.

Mentalmente, visualize a pessoa e afirme (três vezes) que está enviando Reiki para fulano de tal (ou o órgão de fulano de tal), que encontra-se em tal lugar.

Trace o CKR (com o respectivo mantra).

Permaneça aplicando Reiki como estivesse fazendo, presencialmente na pessoa representada pelo substituto.

8.5 Técnica da Foto

Outra forma de se enviar um tratamento à distância é através de uma foto do receptor(a).Escreva o nome completo da pessoa com os símbolos 3, 2 e 1 nesta seqüência, com seus respectivos mantras ao lado, três vezes.

Em seguida coloque a foto à sua frente, então irradie Reiki ao receptor através da foto.

É possível irradiar segurando a foto entre as mãos, se preferir.

Na falta de uma foto escreva o nome e endereço da pessoa e tente imaginar o rosto em sua mente. O procedimento seguinte é o mesmo acima.

8.6 Técnica do Dedo

São inúmeras as possibilidades de envio de Reiki à distância.

Você poderá estar em local onde necessite fazê-lo de forma discreta. Mentalize que um dos dedos de sua mão representa o receptor (pessoa, animal, situação...). Envolva-o, então, com a outra mão.

Mentalize os símbolos 3 e 2 (com seus respectivos mantras). Mentalize "Estou enviando Reiki à distância para (...receptor). Mentalize o CKR (com seu respectivo mantra).

Permaneça enviando energia enquanto for necessário.

8.7 Técnica da Ponte de Luz

Esta técnica consiste em criar uma ponte de luz que liga agente e receptor.

Trace os símbolos 3 e 2 (com seus respectivos mantra).

Mentalize a intenção de que se manifeste uma ponte de luz que irá ligar

você à (... fulano de tal ou determinado lugar).

Trace o CKR (com seu respectivo mantra).

Permaneça enviando energia pelo tempo necessário (5 a 15 minutos), visualizando a ponte que liga você ao receptor.

Esta técnica nos possibilita desenvolver nossa capacidade de dirigirmos nosso foco à energia Reiki (pois estaremos o tempo todo entregue a ela) e nossa percepção (nossa interação com o receptor é mais acentuada).

8.8 Técnica da Cura do Coração – Técnica do Perdão

O ressentimento, a raiva, a culpa, etc... são venenos que nos afastam da felicidade, roubam nossa alegria e harmonia e semeiam doenças.

Esta técnica destina-se àquelas pessoas que sentem necessidade de livrar-se desses venenos, manifestando o perdão.

Possibilitará que acessemos um padrão adequado para essa manifestação, assim como para desenvolver o amor incondicional e focalizarmos a situação de outros ângulos (não nos apegando unicamente ao nosso ponto de vista, à nossa verdade).

Poderá ser utilizada por quem já superou a mágoa e deseja esquecer, suavemente, a situação. Também pela pessoa que não se sente perdoada e acha que ainda mantém com alguém qualquer ligação de ressentimento.

Esta técnica não precisa de autorização da outra pessoa a quem se quer perdoar ou pedir perdão.

Coloque uma mão em frente à outra na altura do Chákra Cardíaco, com as palmas voltadas uma para outra.

Mentalize o HSZSN (com seu respectivo mantra) entre as mãos, na cor azul índigo.

Imagine que a pessoa que deseja perdoar ou para quem vai pedir perdão, está à sua frente, e a luz do HSZSN vai em direção ao seu coração, e seu Chákra Cardíaco é impregnado por essa luz.

Mentalize o SHK (com seu respectivo mantra) entre as mãos, na cor verde-folha.

Imagine que a luz deste símbolo vai em direção à pessoa, impregnando seu Chákra Cardíaco.

Fale com a pessoa, perdoe e/ou peça perdão.

Mentalize essa pessoa entrando no espaço entre suas mãos.

Mentalize o CKR (com seu respectivo mantra) preenchendo todo o espaço entre suas mãos.

Junte as mãos e aplique de 5 a 15 minutos de Reiki.

8.9 Diagóstico e envio de Reiki à Distância com Radiestesia e Radiônica

8.9.1 Diagnóstico com Radiestesia

Quando o cliente não estiver presente, inicie preparando e potencializando o testemunho.51

Com o testemunho potencializado, use o Gráficos Corpo Humano.52

PARA DIAGNÓSTICO DOS CHACRAS E CORPOS ÁURICOS

Coloque o testemunho sobre a região dos pés do homem ou mulher (conforme o sexo do cliente) e aponte o pêndulo em cima de cada chacra, vendo a direção em que gira: direito = equilibrado, esquerda = desequilibrado.

Para quantificar o desequilibrio, faça da mesma maneira do trabalho presencial, porém, coloque o testemunho no círculo em branco em vez do dedo do cliente.

Para avaliar os corpos áuricos use o gráfico corpos auricos, coloque o testemunho no centro e pergunte um a um sobre os corpos.

Para quantificar o desequilibrio, siga o mesmo procedimento da quantificação dos

---

[51] Recorte círculos e escreva a lápis o nome completo e data de nascimento do cliente. Coloque no centro de um Decágono (vide gráficos para imprimir em material complementar) e deixe por 20 minutos. Ao final pergunte se o testemunho está potencializado. Se estiver (pêndulo rodar para a direita) pode usar, caso contrário deixe mais tempo até dar a resposta positiva.

[52] Vide graficos para imprimir em material complementar

chacras.

PARA ENCONTRAR PONTOS EXATOS DE DESEQUILIBRIO (BYOSEN À DISTÂNCIA)

Faça do mesmo modo que a técnica presencial, porém substituindo o corpo físico do cliente pelo gráfico Corpo Humano. Use o testemunho na região dos pés.

8.9.2 Enviando Energia com Radiônica

Use o Grafico Reiki em conjunto com o pêndulo.

Potencialize um testemunho com o cliente e deixe sobre o gráfico Reiki.

Foque na pessoa que receberá Reiki e rodando o pêndulo em cima do gráfico com o testemunho mentaliza: "Enviando Reiki Usui para Fulano de Tal". Gire pelo tempo que sentir necessidade ou por aproximadamente 3 a 5 minutos e deixa o pêndulo parar.

Verifique quantos dias deve ficar montado e a cada dia rode o pendulo por aproximadamente 5 minutos sobre o conjunto gráfico-testemunho.

9 RESPIRAÇÃO DOS CHACRAS

Através da respiração, estamos ligados a tudo o que nos envolve. Todas as pessoas, animais e plantas respiram o mesmo ar, e você inala aquilo que eles exalam e vice-versa.

Mas não é somente para fora que o ar nos liga com tudo, pois também no nosso interior ele estabelece um contato, um intercâmbio permanente, até na menor das células penetram partes da nossa respiração, suprindo o nosso corpo com força vital.

Da Índia conhecemos a palavra "Prana", que significa tanto alento vital como também Energia Cósmica; essas diversas traduções descrevem os diferentes níveis de respiração.

Estamos ligados, através da respiração, com a força vital que a tudo penetra e sem a qual não poderia haver Criação. Assim tomamos consciência das dimensões da nossa respiração, que representa algo tão universalmente grande, embora tão comum.

Ao dirigir a consciência para a nossa respiração, podemos dar origem a muitas coisas positivas, influenciando os chákras.

Acomode-se confortavelmente. Feche os olhos.

Permaneça alguns minutos focalizando sua respiração, sem alterá-la, apenas consciente dela e do caminho que o ar percorre durante a respiração.

Agora focalize cada etapa de sua respiração, você inspira, retém, exala, retém (crie um ritmo, sem forçar), faça isso de 3 a 7 vezes.

Mentalize o CKR (com seu respectivo mantra).

Ao inspirar, sinta que o chákra está participando do processo, ele também respira.

Visualize o CKR sendo absorvido pelo chákra. O CKR aumenta a absorção de energia do Chákra Básico.

Ao expirar, visualize e sinta toda energia estagnada, todo estresse acumulado sendo expelido pelo Chákra Básico (você poderá imaginar uma fumacinha escura sendo eliminada).

Visualize o CKR harmonizando esse chákra. Poderá visualizá-lo na cor dourada.

Repita o processo em cada um dos chákras, do Básico ao Coronário. Imagine, então, um grande CKR acima de sua cabeça.

Faça afirmações positivas ("Estou em harmonia com o Cosmos", "Deus está em mim", "Reconheço a divindade que habita em mim", etc...) repita-a três vezes.

Visualize o CKR entrando pelo topo da cabeça e indo até a planta dos pés, sendo absorvido pela terra.

Abra os olhos, inteiramente harmonizado.

10 PROGRAMANDO O TRAVESSEIRO

Muitas vezes temos dificuldade de ter um sono tranqüilo e reparador ou nosso tempo é insuficiente para o mesmo.

Podemos, então, programar nosso travesseiro (ou de outra pessoa que o solicite) para que tenhamos um sono tranqüilo e reparador e que o tempo que temos disponível para o sono equivalha ao que necessitamos. Podemos também programá-lo para que o usuário abandone um determinado vício ou compulsão.

Pegue o travesseiro entre suas mãos;

Mentalize ou trace os símbolos 3 e 2 (com seus respectivos mantras);

Mentalize a programação (três vezes);

Mentalize ou trace o CKR (com seu respectivo mantra);

Permaneça 10 minutos aplicando Reiki no travesseiro.

11 LIMPEZA E PROGRAMAÇÃO DE CRISTAIS

Os símbolos do Reiki são ferramentas de valor inestimável para a limpeza e programação de cristais.

Segure o cristal com sua mão não-dominante;

Mentalize o CKR (com seu respectivo mantra) na cor violeta, transmutando as energias deletérias, limpando o cristal. Visualize os símbolo promovendo a transmutação, incorporando-se à pedra, até ter certeza de que ela está limpa;

Mentalize o SHK (com seu respectivo mantra) na cor verde incorporando-se à pedra, promovendo a cura da mesma, e impregnando-a com energia amorosa;

Mentalize o HSZSN (com seu respectivo mantra) na cor azul índigo incorporando a pedra, com a intenção de que a mesma transmita energia de harmonia e cura ao ambiente em que ela se encontrar;

Mentalize, novamente o CKR, selando a programação;

Permaneça energizando o cristal por 5 minutos;

Renove a programação quinzenalmente.

* Esta técnica poderá ser utilizada, também, para outros objetos. As possibilidades são ilimitadas.

12 PROTEÇÃO DO CARRO OU CASA

Esta técnica poderá servir como um alarme e/ou escudo energético.

Tenha em mente que nossa atitude é fundamental. Quando criamos um escudo de proteção, nossa confiança na manifestação o fortalece enormemente.

Coloque-se à frente de seu carro;

Trace o HSZS (com seu respectivo mantra);

Trace o SHK (com seu respectivo mantra);

Programação: "Estou programando a manifestação de um escudo energético para envolver esse carro, protegendo-o, assim como, todos os que estiverem em seu interior e quem aproximar-se dele. Este escudo será ativado sempre que for traçado um CKR à frente deste carro."

Trace o CKR (com seu respectivo mantra).

A partir deste momento, sempre que você for entrar ou sair do carro, trace um CKR, manifestando o escudo de proteção (o CKR fará o papel do chaveirinho que aciona o alarme/escudo energético).

Renove a programação mensalmente.

13 TÉCNICA DE LICENÇA E PROTEÇÃO

Esta técnica é especialmente interessante para ser utilizada quando formos entrar em uma mata, floresta, etc...

Trace os símbolo 3 e 2 (com seus respectivos mantras);

Mentalize a emissão de energia de humildade, amor, paz, proteção, bondade, alegria e harmonia com todos os seres viventes (físicos e suprafísicos) que habitam o local, solicitando a permissão para entrar;

Trace o CKR (com seu respectivo mantra);

Permaneça 5 minutos emitindo Reiki para o local.

14 REIKI PARA O PLANETA: CONTRIBUIÇÃO PARA A ELEVAÇÃO DO PADRÃO ENERGÉTICO DO PLANETA

Reikianos do mundo todo contribuem para a elevação do padrão vibratório do Planeta, participe também deste serviço, doe reiki ao planeta, você também ganhará muito com este gesto maravilhoso.

Se você deseja contribuir, serás bem vindo(a).

Sugestão:

Harmonize o seu ambiente com as técnicas que costuma utilizar.

Dedique cinco minutos a você... utilize sua técnica de centramento habitual.

Com sua consciência expandida e inteiramente centrado(a) integre-se ao ambiente, mentalize a intenção de integrar-se à energia de pessoas e grupos que estejam, neste momento, participando deste encontro.

Unimos nossas energias, formando um só corpo, para que a vibração do trabalho possa expandir-se e atingir os objetivos almejados.

Visualizamos ou imaginamos, uma esfera de energia dourada manifestando-se no centro da sala (ou ambiente em que é realizada esta técnica).

Procuramos sentir ao máximo nossos corações unidos e a energia do ambiente nos envolvendo... O fluxo de energia se intensifica cada vez mais.

Estamos todos em volta da esfera formando um grande círculo. - Ativamos a Energia Cósmica através dos símbolos que utilizamos, ou simplesmente, mentalizamos que a energia que canalizamos, ou nosso amor sejam enviados para abastecer a esfera.

Projetamos a energia em direção ao Cosmos para que se forme uma chuva de energia que irá impregnar nosso amado planeta TERRA e todos os reinos e dimensões que a necessitarem, elevado assim, seu padrão vibratório.

Permanecemos contribuindo, amorosamente, em devoção e entrega, por aproximadamente 10min.

Permanecemos abertos para que, também, possamos receber as dádivas que merecermos e para recebermos as instruções que forem necessárias...

Quando sentirmos que é hora de retornar, agradecemos a oportunidade de participar do "serviço", fazemos uma respiração profunda e... lentamente... retornamos à nossa consciência objetiva.

Esfregue as mãos e lave-as, preferencialmente até os cotovelos.

OBS: Se você desejar, você poderá invocar o auxílio e orientação das Hierarquias Planetária e Cósmica e a conexão com os Centros Energéticos Planetários e Galácticos ou dos Seres de Luz, Guias, Mestres Espirituais, Anjos, Mestres Ascensionados ou o Ser Superior em que acredita ou o Deus de sua devoção...

15 TRIÂNGULO

Comece por desenhar um triângulo.

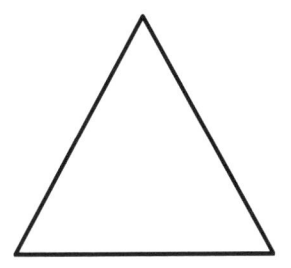

No vértice inferior esquerdo, do lado de fora, escreve o nome do receptor.

No vértice inferior direito escreve o objetivo e no vértice superior escreve a realização do objetivo como já executado.

A viagem correu tudo bem

Geovane Leite   **Viagem**

Então desenhe um Cho Ku Rei em cada vértice e um em tamanho maior abrangendo todo o triângulo.

A viagem correu tudo bem

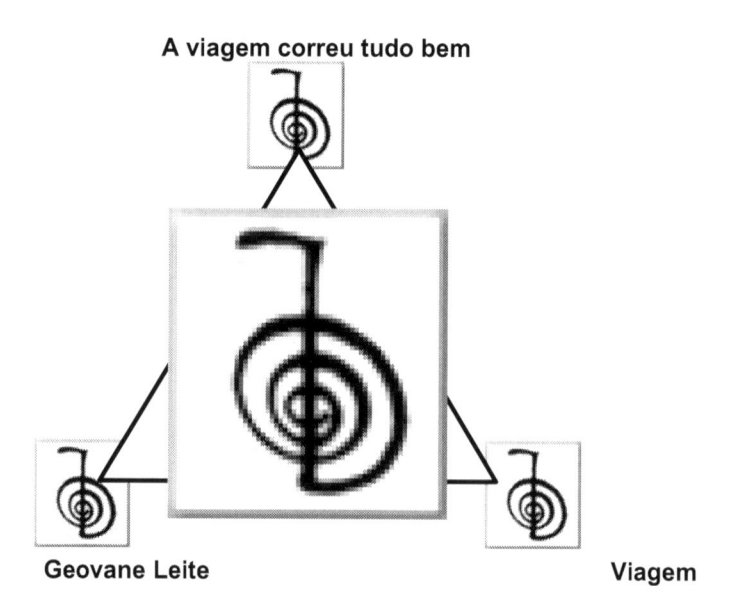

Geovane Leite   Viagem

Ative a energia e aplique por 5 minutos.

Quando terminar coloque um pequeno cristal em cada vértice e deixe em um local sossegado até ao outro dia, quando deve repetir o envio por mais 5 minutos.

16 AUTOTRATAMENTO ANTES DE DORMIR

Este é um auto-tratamento programado para o noite, quando não conseguimos fazer o auto-tratamento normal enquanto acordado

É um processo que dura 5 minutos e deve ser feito antes de dormir.

Primeiro ative a energia.

Em seguida desenhe energeticamente no 6º chakra os três símbolos e declame os respectivos mantras enquanto coloca a outra mão no 3º chakra.

Peça ao seu Guia Espiritual para enviar Energia de Luz a noite toda para você, para os seus sonhos, para partes do corpo, etc..

Peça também que, quando já não necessitar da Energia, que a mesma seja enviada para a Mãe-Terra.

Agradeça à Fonte do Reiki..

Ao adormecer, se quiser, poderá deixar as mãos no coração e no 3º chakra para melhor sentir a Energia a fluir enquanto adormece.

Bons Sonhos.

17 PROGRAMANDO UM TRATAMENTO

Você poderá programar o tratamento para que aconteça no futuro em um momento único ou se repita quantas vezes for necessário, assim como, de tantas em tantas horas. Porém é aconselhável que se imponha um limite, para que a energia não seja projetada desnecessariamente.

- Vamos criar uma situação: "Fulano de Tal" tem câncer no esôfago e dificuldade em engolir, está preste a colocar uma sonda que permitirá que ele receba apenas alimentos líquidos e/ou liquidificados. Sua medicação para aliviar a dor é de 6 em 6 horas e já não está mais fazendo efeito, a cada 4 horas ele já começa a sentir dor. Ele tem plena confiança no Reiki e está aberto à energia, mas não há possibilidade dele ir ao teu encontro várias vezes por dia e nos horários em que ele necessita de energia, você está muito ocupado e em alguns deles, você está dormindo. Você deseja que ele receba Reiki de 4 em 4 horas.

Lave as mãos;

Faça as Invocações de costume;

Ative a energia, traçando o HSZSN e o SHK com seus respectivos mantras;

Programe por 3 x "Estou enviando Energia Cósmica (ou Reiki), para que "Fulano de Tal", nascido 00 de 00 de 0000, que encontra-se na cidade tal (com a licença de Eu Superior) a receba a cada 4h por 24h conforme necessidade, merecimento e liberação cósmica. Que esteja aberto e receptivo e todas as transformações necessárias se manifestem."

Ative o CKR, traçando o símbolo com seu respectivo mantra

Permaneça enviando energia de 10 a 15 minutos (utilizando a Técnica da Redução ou da Ponte de Luz);

Agradeça aos Seres de Luz invocados pela participação na sessão;

Lave as mãos (preferencialmente até os cotovelos);

Durante a programação você deve estar focado na mesma, assim como durante toda a técnica.

Após a programação feita e a técnica realizada, deixe a energia fluir naturalmente, não fique focado no enviado.

Sempre que possível, é benéfico o receptor permanecer receptivo nos horários em que a energia foi programada (porém, é claro, que em uma programação deste tipo e pela sua situação, isso não será possível em todos os horários, mas nos em que ele estiver acordado o ideal será permanecer receptivo).

Esta programação poderá ser feita, também, para um envio único no futuro, envio diário, uma vez ou semana ou como quiser, sempre adaptando o decreto à intenção.

Ex.:

"Estou enviando Energia Cósmica (ou Reiki), para que "Fulano de Tal", nascido 00 de 00 de 0000, que encontra-se na cidade tal (com a licença de Eu Superior) a receba dia tal às tantas horas conforme necessidade, merecimento e liberação cósmica. Que esteja aberto e receptivo e todas as transformações necessárias se manifestem."

Ou

"Estou enviando Energia Cósmica (ou Reiki), para que "Fulano de Tal", nascido 00 de 00 de 0000, que encontra-se na cidade tal (com a licença de Eu Superior) a receba durante 1 mês toda quarta-feira às tantas horas durante 20 minutos conforme necessidade, merecimento e liberação cósmica. Que esteja aberto e receptivo e todas as transformações necessárias se manifestem."

Ou

"Estou enviando Energia Cósmica (ou Reiki), para que o Grupo X a receba por 1 mês toda quarta-feira às tantas horas durante 20 minutos conforme necessidade, merecimento e liberação cósmica. Que esteja aberto e receptivo e todas as transformações necessárias se manifestem."

18 PACOTINHOS DE ENERGIA

Outra forma de programar o envio é com os pacotinhos de energia:

1º exemplo : No dia 4 de Abril a minha amiga Manuela vai fazer uma ecografia renal às 14 horas.

Então nós vamos imaginar um pacotinho de Energia Reiki para ser utilizado pela minha amiga nesse dia, para que fique mais equilibrada, mais calma.

Após Evocação à Fonte mencionamos que estamos a programar um pacote de energia para ser aberto por aquela pessoa àquela hora. Ativamos os símbolos e agradecemos de imediato à Fonte.

Naquele dia programado o Cosmos se encarregará de enviar Energia a esta minha amiga, a partir das 14 horas, independentemente dela não se lembrar de pedir Energia.

2ª exemplo : Imaginemos que a minha amiga Manuela é uma pessoa que está sempre a necessitar de Energia.

Neste caso eu posso fazer vários pacotinhos de Energia e enviá-los para o Universo em nome da Manuela, para quando necessitar deles.

Claro que darei conhecimento à mesma que poderá abri-los quando quiser, pois eles estão disponíveis no Universo para ela.

Para tal, após Evocação à Fonte só temos de mencionar que programamos os pacotes de Energia de modo a que fiquem disponíveis no Universo até que a Manuela os vá buscar. Após ativar os símbolos agradecemos também de imediato à Fonte

19 APLICAÇÃO DE REIKI EM REMÉDIOS, COMIDA OU NA ÁGUA

Aplicando Reiki em remédios podemos diminuir seus efeitos colaterais e potencializar o resultado do tratamento.

Em comida e água fazemos a limpeza energética e magnetizamos com a energia.

Para isso basta ativar a energia e fazer a aplicação pelo tempo que desejar, podendo, inclusive fazer à distância, combinando com o receptor que fique disponível na hora marcada com um copo de água nas mãos ou ao lado.

20 ENCONTRANDO UM OBJETO OU ANIMAL PERDIDO

Ligue-se à Fonte. Ative (traçar + mantrar) o Hon-Sha-Ze-Sho-Nen no 6º chakra e visualize mentalmente o objeto, animal ou que quer que tenha perdido.

Visualize o Hon-Sha-Ze-Sho-Nen sendo ativado sobre o que perdeu e imagine a energia dos dois unidos.

Aguarde uma resposta que tanto pode ser imediata ou levar mais algum tempo.

21 MEDITAÇÃO COM REIKI

21.1 Meditação com Símbolos

Sente-se confortavelmente, posicione suas mãos com as palmas para cima;

Por aproximadamente 3 minutos foque em sua respiração, em cada etapa de sua respiração, você inspira, retém, exala, retém...

Faça respirações abdominais, (ao inspirar você expande o seu abdômen, ao exalar o contrai);

Solicite ou invoque a orientação, proteção e inspiração da Hierarquia do Reiki ou do Deus de sua devoção...

Visualize à sua frente o símbolo HSZSN, na cor azul índigo e repita o mantra correspondente por três vezes;

Visualize o símbolo sendo conduzido até a parte superior da sua cabeça, entrando pelo Chákra Coronário e descendo pela coluna até o Chákra Básico.

Visualize que todos os chákras se tornam mais luminosos e energéticos a medida que o símbolo HSZSN desce pela coluna.

Sinta a energia dos chákras expandindo-se (siga o caminho que o símbolo percorre, perceba como ele atua em cada chákra, sinta o chákra harmonizar-se);

Visualize à sua frente o símbolo SHK, na cor verde folha e repita o mantra correspondente, três vezes;

Conduza-o até a parte superior da sua cabeça e visualize-o entrando pelo Chákra Coronário e descendo pela coluna até o Chákra Básico.

Visualize que todos os chákras se tornam mais luminosos e energéticos a medida que o símbolo SHK desce pela coluna.

Sinta a energia dos chákras expandindo-se (siga o caminho que o símbolo percorre, perceba como ele atua em cada chákra, sinta o chákra harmonizar-se);

Visualize à sua frente o símbolo CKR, na cor violeta e repita o mantra correspondente, três vezes;

Conduza-o até a parte superior da sua cabeça e visualiza-o entrando pelo Chákra Coronário e descendo pela coluna até o Chákra Básico. Visualize que todos os chákras se tornam mais luminosos e energéticos a medida que o símbolo CKR desce pela coluna.

Sinta a energia dos chákras expandindo-se (siga o caminho que o símbolo percorre, perceba como ele atua em cada chákra, sinta o chákra harmonizar-se);

Você está inteiramente harmonizado;

Agora, ao inspirar, você absorve a energia cósmica pelo topo da cabeça e a leva até a altura do umbigo.

Ao expirar ela distribui-se por todos os centro energéticos e sai pela boca, sendo emitida no ambiente em que se encontra.

Visualize o ambiente todo sendo harmonizado, imagine que uma luz dourada espalha-se por todo o ambiente;

Quando sentir o ambiente harmonizado, visualize que essa luz começa a formar um escudo de energia à sua volta, é como uma esfera de energia que se forma e irá protege-lo de todo e qualquer mal que possa ser dirigido à você.

Se em qualquer momento do dia você sentir que o escudo está ficando permeável, basta visualizá-lo novamente e ele se fortalece.

21.2 Meditação para Cura Emocional

Esta meditação trabalha em aspectos além dos problemas físicos. Ela pode nos ajudar a ter consciência dos desequilíbrios emocionais de forma que possamos trabalhar e curar.

Comece ficando confortável, sente-se em uma cadeira confortável e relaxe.

Permita que o relaxamento venha das solas de ambos os pés ao mesmo tempo. Sinta seus pés relaxados. Deixe a sensação de relaxamento subir para os tornozelos e pernas, deixando seus músculos e ossos relaxados. A energia relaxante sobe para as panturrilhas, relaxando-as e subindo pelos joelhos até as coxas. Permita que as pernas fiquem totalmente relaxadas e então deixe a energia subir até o quadril, relaxando-o. E suas pernas e quadril estão totalmente relaxados. Agora permita a energia subir pela espinha e um sentimento de aquecimento move-se pela espinha conforme a energia relaxa os músculos das costas. A energia move-se até os ombros e você permite que seus ombros relaxem. A energia desce pelos braços em direção às mãos, relaxando seus braços, ante- braços e mãos. Agora a energia move-se para o pescoço indo até a cabeça, penetrando o couro-cabeludo, relaxando o couro-cabeludo e a cabeça. A energia desce para a face e queixo e você está totalmente relaxado e pronto para iniciar uma programação emocional agora.

Tente trazer problemas emocionais a serem trabalhados à consciência. Se você não pode obter um bom apoio nesse caso, então concentre-se nos sentimentos que está tendo sobre o assunto.

Ative o Cho Ku Rei na sua frente, em suas palmas e sobre a cabeça. Faça o mesmo com o Hon Sha Ze Sho Nen. Ative o Sei Hei Ki em frente à você.

Conecte-se novamente com a questão, seja com os sentimentos à respeito dela ou crie uma figura visual dela em sua mente.

Ative o Sei Hei Ki e o visualize sobre o problema.

Medite sobre o símbolo e sinta-o trazendo-lhe a cura.

Saiba que está trabalhando para o seu maior bem, trazendo a cura para as suas emoções.

Em seguida, ative novamente o Cho Ku Rei, o Hon Sha Ze Sho Nen e, novamente, o Sei Hei Ki e conecte-se com a questão.

Concentre-se em enviar a cura emocional para você mesmo no ponto em que este problema ocorreu, curando dentro de você o passado que continua lhe prendendo e que cria essa questão em você.

Use uma afirmação. "Estou curado e inteiro", "Libero isto para o meu maior bem" ou qualquer coisa que você possa pensar que irá auxiliá-lo no processo de cura. Repita a afirmação três vezes.

Medite sobre a harmonia e o amor universal do qual o Sei Hei Ki é uma representação. Permita a energia do símbolo ser parte de sua consciência e deixe-a fluir por sobre você. Quando tiver feito, ative o Cho Ku Rei defronte à você.

Faça isto todo dia, durante uma semana e preste bastante atenção às mudanças que irão ocorrer em sua vida.

O Pensamento Transforma

O pensamento dá uma ordem e o subconsciente cumpre, por isso, você é o resultado dos seus pensamentos.

Com esta técnica podemos aliar Reiki e Programação Neurolinguística para reprogramar o receptor.

Coloque uma música relaxante e um incenso que seja agradável para você e o cliente.

Concentre-se e mentalize que se for para o bem do receptor e do universo, que esta energia possa ser bem recebida.

O receptor deve permanecer sentado ou deitad0.

Coloque a sua mão esquerda na base do crânio, com a mão direita desenhe ou mentalize os símbolos HSZSN, SHK e CKR (enquanto mantra seus nomes), no topo da cabeça de quem recebe e pouse suavemente a mão direita na testa.

Comece a aplicação na primeira posição da cabeça. Aguarde até ocorrer uma conexão energética e o Reiki começar a fluir (mais ou menos três minutos), então, diga o nome do receptor, fazendo a seguinte afirmação: "Receba essa energia para seu perfeito bem estar."

Recoloque as mãos na testa do receptor e deixe fluir o Reiki, enquanto segue o esquema abaixo:

Faça a seguinte afirmação positiva (a qual o receptor deve repetir): "A cada dia, de todas as formas, estou ficando melhor, melhor, melhor. A minha mente, em todos os níveis, é receptiva somente a pensamentos e sugestões positivas."

Com essa afirmação, o receptor deve expressar o desejo de alcançar uma completa limpeza mental e sintonizar a sua mente com mecanismos de harmonização que podem estar bloqueados por pensamentos negativos (conscientes ou inconscientes).

Faça o receptor vivenciar mentalmente o hábito não desejado e imaginar-se como seria sem o hábito, completamente mudado.

Faça com que ele mantenha a imagem ideal na mente por algum tempo.

Reforce a limpeza mental, dizendo com o receptor: "A cada dia, de todas as formas, estou ficando melhor, melhor, melhor. A minha mente, em todos os níveis, é receptiva somente a pensamentos e sugestões positivas."

Prossiga aplicando Reiki nas posições seguintes e encerre o atendimento ativando o CKR no plexo solar do cliente.

– Exemplos de afirmações para a Reprogramação Mental

Fulano de tal, você tem saúde em seu corpo físico equilíbrio em sua mente.

Fulano de tal, a partir de agora você começa a sentir seu corpo perfeitamente bem.

Fulano de tal, sua saúde é perfeita e todos os seus corpos e seus órgãos funcionam muito bem.

Fulano de tal, no plano sexual da vida, seu desempenho é satisfatório e compensador, aconteça o que acontecer.

Fulano de tal, a sua inteligência é maravilhosa, você tem pensamento s e idéias maravilhosas.

Fulano de tal, a partir de hoje você dormirá em paz, terá sono tranqüilo e, ao acordar, sentirá alegria, disposição e terá um dia perfeito e feliz.

Fulano de tal, você é uma pessoa inteligente e capaz.

Fulano de tal, você é feliz, saudável, alegre e calmo.

Fulano de tal, você está em paz consigo mesmo e se aceita assim como é.

Fulano de tal, você tem o peso ideal, sem dietas, tem uma imagem de saúde, beleza e harmonia.

Fulano de tal, o seu raciocínio é rápido e a sua memória é excelente, eles só trabalham com as idéias e os pensamentos positivos.

Fulano de tal, você tem o comando positivo de sua mente.

Fulano de tal, a partir de hoje, e para toda a eternidade, você mesmo faz a sua felicidade.

Fulano de tal, a cada dia, em cada aspecto, você está se tornando cada vez melhor.

Fulano de tal, você consegue manter a cabeça sempre ocupada com pensamentos sempre positivos.

O que você pensa de bom acontece e a cada dia que passa você se sente cada vez mais feliz.

Fulano de tal, você está em harmonia consigo, com todas as pessoas e com todo o universo.

Fulano de tal, tudo o que você deseja de bom, vem à você com muita facilidade.

Fulano de tal, você tem um futuro maravilhoso.

Fulano de tal, você resolve todos os problemas, os vê com naturalidade e tem sempre boas soluções.

Fulano de tal, você está evoluindo cada vez mais.

Fulano de tal, seu corpo, sua mente e sua vida material estão em perfeita harmonia.

Fulano de tal, você é cada vez mais ousado, vê sempre no horizonte a chama da vitória brilhando intensamente.

Fulano de tal, você está vencendo o vício de (...) a partir deste momento ele é desnecessário.

Fulano de tal, a cada momento que passa, você está mais confiante em seu potencial criador, transformador e curativo.

Fulano de tal, você tem sorte a cada instante, em todos os dias, porque Deus está com você.

Fulano de tal, você sempre consegue tudo o que quer de bom, todas as riquezas do universo estão à sua disposição.

Fulano de tal, você tem uma casa limpa, confortável e bonita, morando nela a paz, a prosperidade e ao amor.

Tudo é energia, nossos pensamentos também o são. Tudo o que pensamos poderemos criar.

Os pensamentos que semearmos poderão frutificar em grandes manifestações. O pensamento correto (positivo) resulta em ação correta (positiva). Se impregnarmos nosso subconsciente com programações positivas, poderemos manifestar uma vida plena e realizada.

Podemos, e devemos, policiar nossos pensamentos de forma que, quando percebermos a proximidade de um negativo, limitador, o substituiremos por um positivo, criador, transformador. Desta forma, apenas boas manifestações se apresentarão.

As programações que fizermos, serão aceitas incontestavelmente por nosso subconsciente e este fará de tudo para que se manifestem as ferramentas necessárias para que tornem-se reais.

REIKI USUI
MÉTODO REI-SHUI
NIVEL 3 SHIMPIDEN
SHIMPIDEN SENSEI

A CONFIANÇA

Se você puder confiar, uma coisa ou outra sempre acontecerá e ajudará seu crescimento. Suas necessidades serão supridas.

Tudo aquilo que for necessário numa determinada época, ser-lhe-á dado, nunca antes.

Você somente o recebe quando precisa, e não há sequer nenhum momento de atraso.

Quando você necessita, você o recebe imediatamente, instantaneamente!

Essa é a beleza da confiança.

Pouco a pouco você vai aprendendo como a existência dá a você, como a existência cuida de você.

Você não está vivendo uma existência indiferente. Ela não o ignora. Você está preocupado desnecessariamente. Tudo é provido.

Uma vez que descubra a chave de perceber isso, toda a preocupação desaparece e você vive mais feliz.

* Osho.

PARTE I – GERAL
1 - INTRODUÇÃO

Há vários métodos de ensinar Reiki Usui e cada um passa o nível Mestrado de uma maneira diferente. Exs:

- o Tradicional Japonês, ensinado na forma original de Mikao Usui, divide em dois níveis: o estagiário e o formador
- o Essencial de Diane Sterin em um único nível
- O Tibetano de William Lee Rand em dois níveis: 3A e 3B.

O Rei-Shui ensina em um único nível o Mestrado, mas o divide em dois módulos, de modo a primeiro preparar espiritualmente o Reikiano e despertar seu Mestre Interior para depois habilitá-lo a ensinar.

Temos, então, no Reiki Usui 3 temos o Reiki Shimpiden Sensei, equivalente ao 3A e o Reiki Usui Shimpiden Shihan, equivalente ao 3B.

No primeiro o Reikiano aprende as últimas técnicas de cura ensinadas por Mikao Usui em conjunto com outras modernas e se forma Sensei, Mestre de Si Mesmo, Mestre Curador ou Mestre não Iniciador. No segundo, Shihan ou Mestre Iniciador. Esses eram os títulos dados a Mikao Usui para os estagiários e os formadores.

Ao ser iniciado em Shimpiden Sensei, você recebe um poderoso símbolo que facilita o tratamento conjunto de várias pessoas e o envio de energia para grandes áreas, regiões e para o Planeta (podemos participar mais ativamente da elevação do padrão vibratório planetário), além de agir intensamente nos corpos mais sutis dos receptores, aumentando intensamente a capacidade de cura (harmonia e equilíbrio em níveis físico, emocional, mental e espiritual).

A utilização desse novo símbolo abre um portal para que a atuação estenda-se ao nível espiritual. Tanto em auto-aplicações como em aplicações em outras pessoas. Com a utilização freqüente desse símbolo, em auto-aplicações, o contato com nosso Mestre Interior (Eu Superior, Eu Divino, Self) torna-se mais consciente. O Reikiano passa a compreender que as ferramentas necessárias para sua realização está dentro dele e que possui o potencial para a manifestação de tudo o que necessitar. Resgata a consciência de que tudo é parte do Todo e, desta forma, pode contribuir com a harmonia do Todo mantendo-se harmonizado. Passa a conhecer sua verdadeira missão e sua compaixão também se amplifica.

Como nos níveis anteriores há um aumento significativo da ligação com a fonte Reiki, porém a permanência no novo estágio energético estabelecido depende da dedicação do Mestre Curador em agir de forma equilibrada em todos os aspectos de sua vida, demonstrando em seus atos um profundo respeito por todos os seres vivos (inclusive por si mesmo) e pela natureza, vivenciando o sentimento de plena compaixão por todos.

Se momentos de desequilíbrio acontecerem, cabe ao Mestre buscar o reequilíbrio o mais rápido possível, com as técnicas que melhor aprouver, e intensificar o auto-tratamento reikiano.

Neste nível, o símbolo do Mestre Interior é colocado em suas mãos. Novamente você passa por um processo de purificação e adaptação ao novo padrão vibratório, que durará aproximadamente 21 dias.

A sintonização expande a energia Reiki ao máximo, possibilitando o trabalho de cura de multidões simultaneamente. Um exemplo é o envio de Reiki a um país ou um planeta. Em termos presenciais podemos fazer envio simultâneo para uma turma ou local (hospital por exemplo).

Ela não habilita o Reikiano a ser iniciador, mas um auxiliar do Mestre Iniciador e, como auxiliar, para passar ao módulo seguinte precisará passar por um estágio, auxiliando os alunos de níveis anteriores no esclarecimento de dúvidas por, pelo menos 30 dias (cada aluno é avaliado individualmente pelo Iniciador quanto a estar pronto para o próximo passo).

2 - O QUARTO SÍMBOLO – DAY KOO MYO

Podemos afirmar que o Day Koo Myo é o símbolo de cura espiritual.

A palavra "espírito" gera grande confusão em virtude da sua vasta aplicação nas religiões. Dentro do estudo Reikiano deve-se entender por espírito a soma dos corpos energéticos com frequência superior ao do mental ou emocional, ou seja, o elo energético do ser encarnado com seu EU SUPERIOR.

Conhecido como o símbolo da realização, o símbolo dos mestres, pode ser traduzido como: "Nos levando de volta a Deus", ou "Deus (Grande Ser do Universo), brilhe sobre mim e seja meu amigo", ou ainda, "A Casa de Deus".

O Dai Koo Myo amplia e acelera os efeitos dos demais símbolos de Reiki e possibilita o acesso a um volume de energia ilimitado.

O Choku Rei atua mais intensamente no corpo físico, o Sei He Ki no corpo emocional, o Hon Sha Ze Sho Nen no corpo mental.

Já o Dai Koo Myo, conecta o receptor diretamente com a fonte. Atua mais intensamente no corpo espiritual, onde se originam as doenças. Em consequência, manifestam-se transformações profundas e ilimitadas possibilidades de cura, pois tratando o espírito é possível evitar que a doença atinja o físico, ou se já atingiu, sua efetiva cura.

O 4º símbolo possibilita ao Reikiano acessar as Sabedorias Infinitas, Ilimitadas, disponíveis a todos nós, ampliando a capacidade de discernir o que lhe é melhor dentro das várias linhas de ensinamento. Para tanto é importante a constante auto-aplicação e ampliação das fontes de estudos.

A percepção é potencialmente ampliada, assim como, nossa sensibilidade e dons psíquicos. Este nível pode ser um portal de entrada a um novo mundo. Ele possibilita a abertura a determinados dons psíquicos (paranormalidade). Porém, tudo será resultado de sua busca, entrega, abertura, permissão e dedicação. As possibilidades são ilimitadas. Em sua jornada espiritual siga, sempre, seu Mestre Interior, sem se apegar à nada. Todo e qualquer caminho destinado ao desenvolvimento de sua espiritualidade é válido, há um apropriado para cada pessoa.

Para aproveitar o efeito amplificador do DKM sobre os demais símbolos, sugiro ativar o DKM + CKR (Símbolo de Poder) em ambas as mãos e depois ativar no ar ou no receptor seguido dos demais, com exceção da aplicação à distância, onde o HSZSN deve ser usado para abrir o trabalho, quebrando o tempo-espaço.

SUGESTÃO DE SEQUÊNCIA PARA APLICAÇÃO		
Presencial ou auto-aplicação	Traçar DKM + CKR em ambas as mãos	Ativar no paciente ou no ar (conforme preferência do Reikiano) a sequência de símbolos 4º. - 3º. – 2º. – 1º.
À distância	Traçar DKM + CKR em ambas as mãos	Ativar no ar, na caixa ou no objeto representativo do paciente (conforme técnica escolhida pelo Reikiano) a sequência de símbolos 3º. – 4º. – 2º. – 1º.

DKM pode ser usado em qualquer horário ou local, inclusive se estivermos realizando pequenas tarefas, não esquecendo de usá-lo de maneira responsável, com concentração, respeito e critério.

No caso de cura presencial individual o símbolo pode ser visualizado sobre a cabeça do receptor no sentido da testa para a nuca.

Recomenda-se que nas primeiras 3 sessões de cura, incluindo a auto-cura, esse símbolo não seja usado, pois essas sessões correspondem a um período de limpeza e esse símbolo é potencialmente forte, podendo gerar desequilíbrio.

Utilizarmos o Dai Koo Myo no Cháckra Coronário possibilitará a conexão com entidades espirituais. Por essa razão, devemos ter um cuidado especial ao fazermos em outras pessoas (principalmente em casos de pessoas sensíveis, como médiuns). Devemos sempre solicitar a proteção dos Mestres Espirituais e/ou da Hierarquia do Reiki para que nos auxiliem em caso de alguma manifestação neste sentido.

Este símbolo pode ser utilizado nas práticas espirituais, como meditação, oração, canalização, etc... possibilitando uma maior conexão com o Deus de nossa devoção, potencializando as práticas e ampliando o amor incondicional e a devoção.

Pode e deve ser acrescentado nas técnicas do nível 2, potencializando o envio de energia para grupos de pessoas e o planeta.

Lembrar que, independente do uso que fizer do símbolo e do aprendizado recebido, como os demais, é necessário usar a intuição caso a caso e sempre traça-lo com a entoação três vezes de seu mantra.

2.1 Como Traçar o Símbolo

O Dai Koo Myo é o símbolo que apresentou um maior número de versões, existindo grafias diferentes para o símbolo oriundo do japonês (Dai Koo Myo Tradicional) e duas modernas com grafia Tibetana (Dai Koo Myo Tibetano ou Dumo).

Todas elas são igualmente eficientes, sendo que afirmam que a versão moderna do símbolo é mais forte, eficaz e flui mais facilmente. Essa afirmação é confirmada por muitos

reikianos que receberam as duas versões e os utilizam em suas curas.

A origem deste símbolo é desconhecida. Porém, sabe-se ser muito antiga.

Neste módulo é ensinado o símbolo tradicional japonês, com algumas de suas grafias diferentes e o detalhamento da que eu uso. No próximo será ensinado o Tibetano e suas versões, cabendo ao Iniciado usar a versão que melhor lhe tocar a alma.

SÍMBOLO TRAÇADO MANUALMENTE POR MIKAO USUI

Imagem tirada da Internet

OUTRAS VERSÕES DO SÍMBOLO TRADICIONAL JAPONÊS

SÍMBOLO COMO COSTUMO TRAÇAR

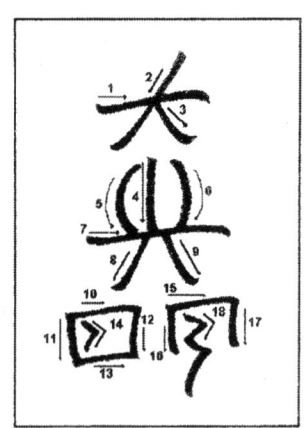

	Comece com um traço horizontal
	Faça um Y invertido, começando em cima do traço horizontal. Primeiro faça a perna da esquerda e depois a da direita
	Desenhe um boneco (como fazia quando criança, apenas traços) com um traço horizontal no meio: inicie pelo tronco, braços em forma de curva para dentro, um traço horizontas e a pernas em curva para fora
	Embaixo do "boneco" à direita faça um quadrado seguindo a ordem das setas: primeiro o traço horizontal de cima da esquerda para direita, o traço vertical à esquerda de cima para baixo, o traço vertical à direita de cima para baixo e fecha embaixo com um traço horizontal da esquerda para direita. Faça uma seta dentro do quadrado
	Por fim, à direita desse quadrado faça um quadrado aberto embaixo. Comece pelo traço horizontal superior, da esquerda para direita. Faça o traço vertical da esquerda, de cima para baixo. Faça o traço vertical da direita, de cima para baixo. Não feche o quadrado. Faz um seta dentro do quadrado aberto, descendo uma "perninha" para fora.

Imagens tiradas da Internet

= DAY

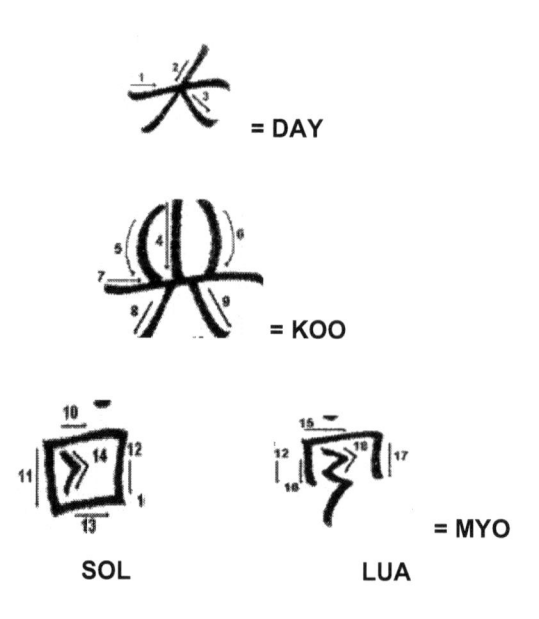

= KOO

SOL   LUA   = MYO

PARTE II - APLICAÇÃO
1 KOKI-HO (com Dai Koo Myo) (coquírrô)

KOKI (soprar) e HO (técnica).

Técnica especialmente indicada para receptores que, indevidamente, tenham alguma manifestação mediúnica durante a sessão de Reiki e demorem a sair do estado de torpor em que muitos ficam após tal ocorrência.

Siga os passos:

- Ative a energia;
- Levante os braços e afastar ligeiramente as pernas;
- Vista o ideograma central (KOO) do símbolo Dai Koo Myo, que significa Hikari ou Luz;
- Visualize os ideogramas do Sol e da Lua (MYO), cada um sob um dos pés;
- Visualize o ideograma superior (DAI) sobre sua cabeça;
- Inspire ar fresco pelo nariz;
- Imagine o ar inspirado entrando pelo chakra coronário, descendo até o Tanden[53]. Prenda a respiração e, no céu da boca, desenhe o Choku-Rei mentalizando o mantra três vezes;
- Posicione os lábios como se estivesse assobiando, assopre com rapidez e vigor no chakra frontal do receptor, entre os olhos ou a um dos ouvidos, onde há um chakra que leva à glândula pineal;

---
[53] Aproximadamente 3 dedos abaixo do Umbigo

- Repita o processo quantas vezes achar necessário.

Esta técnica é executada a uma distância variável entre 30 centímetros a um metro do receptor.

Não é recomendável utilizar essa técnica em pessoas portadoras de tuberculose avançada. O cliente poderá não suportar a crise de catarse inicial.

2 UCHIDE-CHRYO-HO (utídêtiriorrô)

UCHIDE: bater com a mão, CHIRYO: tratamento e HO; técnica.

Significa, portanto, bater com as mãos ou técnica de tratamento por percussão.

É também conhecida por DASHU-CHIRYO-HO onde DA: bater e SHU: mão.

Estimula a superfície das partes paralisadas ou adormecidas, acordando as células, tornando-as mais receptivas e permitindo uma absorção melhor da energia Reiki. Muito utilizada em músculos atrofiados e entorpecidos.

Há duas técnicas de Uchide-Chiryo-Ho, que o Reikiano deve escolher conforme a preferência, após a ativação da energia.

Numa delas bate-se com as mãos em concha. Na outra, as mãos em punho dão "marteladas", mais comumente na região glútea e no quadril.

No Japão, eles batem nos braços e nas costas com ambas as mãos, fortemente, mas não a ponto de machucar ou gerar dor, imaginando que o Reiki penetra profundamente com as batidas.

A nível energético, quando temos uma atitude constante de defesa, a musculatura se contrai, gerando um enrijecimento muscular crônico. A contração muscular é uma forma involuntária de defesa natural do homem para evitar sofrimentos futuros.

Não se recomenda aplicar esta técnica em clientes que apresentem osteoporose, hemorragias, neoplasias torácicas, fraturas de costelas, áreas dolorosas, cicatrizes ou cirurgias recentes.

3 NADETE-CHIRYO-HO ou BUSHU-CHIRYO-HO (buchúchiliôrrô)

BUSHU (acariciar com as mãos), CHIRYO (tratamento) e HO (técnica).

Esta técnica também é conhecida como NADETE-CHIRYO-HO, onde NADETE (massagear), CHIRYO (tratamento) e HO (técnica).

É utilizada para estimular a região da aplicação, através da fricção ou massagem com as mãos, após ativar a energia, movendo-as de modo a penetrar bastante Reiki no receptor a partir das palmas das mãos.

Utilizada principalmente na parte superior e inferior das omoplatas, costas, em ambos os lados da coluna, nos braços (dos ombros às pontas dos dedos) e do quadril para os dedos dos pés.

O toque das mãos é um poderoso meio de comunicação. Seu poder de harmonização é incomensurável, seja em uma pessoa, em um animal ou em uma planta.

Pessoas portadoras de doenças como a AIDS e a hanseníase, que são às vezes rejeitados pelos que os rodeiam, acabam ficando carentes e respondem muito bem ao carinho físico.

Um simples toque no ombro ou na mão, pode reduzir o ritmo cardíaco e baixar a pressão arterial até em pessoas que estejam em coma profundo.

Muitas doenças nas pessoas idosas têm sido fortemente influenciadas pela quantidade de apoio tátil que a pessoa recebeu. Por conseguinte, o carinho físico pode ser considerado essencial para o desenvolvimento emocional, auto-estima, confiança, segurança e aceitação, qualidades vitais para uma vida equilibrada.

Tudo no universo é formado por energia, de modo que, quando acariciamos alguém que esteja carente de energia, ocorre naturalmente uma transferência da nossa energia para essa pessoa, permitindo o restabelecimento de seu equilíbrio.

4 OSHITE-CHIRYO-HO (ochitêchiliorrô)

OSHI: empurrar, TE: dedo, CHIRYO: tratamento e HO: técnica.

Caracteriza-se por ativar Reiki e pressionar a parte enferma com a ponta dos dedos das mãos, podendo-se usar os dedos indicadores, médios, anulares ou polegares.

Também é conhecida por OUSHU-CHIRYO-HO (OU: empurrar e SHU: mão).

A técnica japonesa de Reiki Oshite-Chiryo-Ho tem o mesmo fundamento da técnica chinesa DO IN ou Acupressão, que é o estímulo pela pressão dos dedos.

No Japão é usada principalmente em regiões de estagnação de energia ou de dor física.

Esta técnica serve para impedir ou modificar a percepção da dor e para normalizar as funções fisiológicas do corpo.

Devemos evitar realizar esta técnica sobre o globo ocular e em locais com queimaduras, fraturas, feridas abertas, contusões, cicatrizes e escoriações.

Usui recomendava a utilização de um gesto especial com os dedos (mudra).

Uma das mãos captando a energia, com todos os dedos juntos apontados para cima. A outra mão com os dedos anelar, médio e polegar unidos e o indicador e o mínimo esticados, mantendo-os retos, tornando assim, a energia mais forte e dirigida, como se
fosse um "lazer" direcionado a uma região problemática do receptor

5 KETSUEKI-KOKAN-HO (quetsuekícocanrrô)

KETSUEKI-KOKAN: troca de sangue e HO: técnica.

É uma técnica para estimular a renovação do sangue, isto é, purificação da energia do sangue do receptor ou melhora da qualidade do sangue.

NÃO É TRANSFUSÃO DE SANGUE.

Para surtir efeito, a técnica deve ser aplicada continuamente, por um período de duas semanas a três meses.

Esta técnica estimula a produção das células NK (natural killer) presentes no sangue (linfócitos). Estas células representam um importante mecanismo de defesa inata contra vários tipos de patologias: efeitos antitumorais, controle de infecções de origem viral assim como parasitárias, funções imuno reguladoras, controle no crescimento e diferenciação das células tronco.

Existem duas variações desta técnica, aplicadas após ativação da energia:

ZENSHIN-KETSUEKI-KOKAN-HO (zenchimquetsuekícocanrrô)

ZEN: total ou integral, SHIN: corpo, KETSUEKI-KOKAN: troca de sangue e HO: técnica.

Esta sessão deve ter uma duração de aproximadamente 30 minutos, sendo muito eficaz para idosos e doentes, impossibilitados de saírem da cama.

- Aplique Reiki nas quatro posições de cabeça e nas quatro posições de frente do receptor;
- "Varra" dos ombros até a ponta dos dedos das mãos, várias vezes, partindo do ombro para a ponta das mãos, em ambos os lados;
- "Varra" do quadril até as pontas dos dedos dos pés, algumas vezes, com a mão partindo da coxa para os pés, em ambos os lados.

HANSHIN-KETSUEKI-KOKAN-HO (ranchimquetsuekícocanrrô)

HAN: metade, SHIN: corpo, KETSUEKI-KOKAN: troca de sangue e HO: técnica.

É outra técnica para estimular a renovação do sangue do receptor ou melhorar a qualidade de seu sangue.

Esta sessão deve ser feita após o banho, sendo mais indicada para crianças.

• "Varra" as costas, com as mãos, de cima para baixo, de 10 a 15 vezes, partindo da parte central para cada lado (esquerdo e direito), sempre com a respiração retida;

• "Varra" a medula espinhal totalmente, da nuca para baixo, com a mão dominante, usando os dedos indicador e médio tocando nas laterais da coluna, usando uma força intermediária. O movimento está entre "puxar" (de modo a não sentir dor) e "alisar", deslizando sobre a coluna até abaixo da bacia, osso sacro, com os dedos tocando os lados da coluna;

• No final, empurre os dedos sobre o corpo do receptor com força, mas de modo a não surtir dor.

6 JAKI-KIRI-JHOKA-HO (diáquiquílidiôcarrô)

JAKI: energia negativa do corpo, KIRI: cortar, JHOKA: limpeza e HO: técnica.

Usada para ventilar a energia negativa ou miasmas, cortar ondas negativas fixadas há muito tempo, purificar ou harmonizar algo. Tudo que existe tem um campo energético à sua volta como se fosse a luz de uma vela, inclusive os objetos inanimados. Estes objetos ficam impregnados com a energia pessoal do dono. Trocamos energia constantemente com os objetos e o ambiente no qual estamos, vivemos ou trabalhamos. Os objetos arquivam energias, são depositários de emoções e pensamentos. Da mesma forma que as pessoas guardam lembranças negativas e a energia estagnada de seu passado, um objeto tem marcas sutis de tudo o que absorveu.

Como utilizar esta técnica:

• Faça uma meditação Gassho por alguns minutos e em seguida ative a energia;

• Pegue o objeto a ser purificado. Se for pequeno, coloque-o em uma das palmas de suas mãos. Se for grande fique de pé a sua frente;

• Faça uma inspiração profunda, concentre a energia no ponto Tanden e, enquanto segura a respiração. Faça 2 gestos vigorosos e rápidos em cima do objeto, com as mãos cortando o ar em sentido horizontal, de dentro pra fora, saindo do espaço do objeto numa distância de 2 a 5 centímetros acima do objeto. Faça um 3º gesto com as mesmas características, mas parando a mão em cima do objeto. Então solte o ar.

• Então energize o objeto aplicando Reiki, neutralizando assim a energia negativa e substituindo-a pela energia Reiki.

Obs: Se não prendemos a respiração ao longo dos três cortes, corremos o risco de nos contaminarmos com a energia negativa que está transmutando.

7 ATIVAÇÃO DOS CANAIS ENERGÉTICOS - MUDRAS

Mudras são movimentos mágicos e místicos utilizados por sacerdotes brâmanes e budistas em certas ocasiões, durante determinadas cerimônias em seus cultos. São também utilizados em muitas práticas energéticas em diversas escolas.

No ensinamento de Reiki, no sistema moderno, é ensinada uma técnica que utiliza um Mudra em conjunto com o símbolo Dai Koo Myo.

O Chákra Coronário é o elo entre nosso corpo físico e a realidade cósmica ou energias superiores. A abertura deste cháckra possibilita a abertura da consciência e a perfeição do ser. Proporciona uma visão global do universo, é um caminho de crescimento, permitindo que manifestemos a serenidade espiritual, a consciência cósmica, de integração, devoção, descortinando o verdadeiro sentido de nossa existência. A energia aplicada durante uma sessão de Reiki é captada por este chákra.

A técnica de ativação dos canais energéticos possibilita a ativação e equilíbrio do Chákra Coronário, para que a energia Reiki seja captada e flua em grandes quantidades, amplificando as técnicas de cura de multidões, estados, países, planeta e etc.

A utilização desta técnica, de uso pessoal e exclusivo de Mestres, é especialmente recomendada antes de uma situação de estresse, como a preparação para uma palestra, entrevista, oratória ou qualquer outro evento que exija uma maior atenção. Possibilitando nossa conexão com a fonte do Conhecimento Ilimitado.

Pode ser utilizada em momentos de confusão, desgaste ou dispersão mental, possibilitando clareza mental, equilíbrio emocional e um profundo relaxamento.

• Junte os dedos anelares, médios e polegares de cada mão. Os dedos indicadores e mínimos devem permanecer esticados.

• Encoste as mãos, de maneira que os dorsos dos dedos médios e anelares permaneçam juntos e o dedo mínimo e indicador da mão direita fique sobre o dedo mínimo e indicador da mão esquerda.

• Leve as mãos para o alto da cabeça, como se fosse uma antena, tocando o Chákra Coronário com as pontas dos dedos que estão unidos (médio, anelar e polegar).

• Visualize os símbolos DKM, CKR, HSZSN e SHK, exclusivamente nessa seqüência, pois é como se fosse uma senha. Os mesmos deverão ser desenhados mentalmente no topo da cabeça e imaginados entrando pelo Chákra Coronário.

• Permaneça nessa posição por 3 minutos e seu Cháckra coronário estará ativado para captar e expandir na freqüência de multidão.

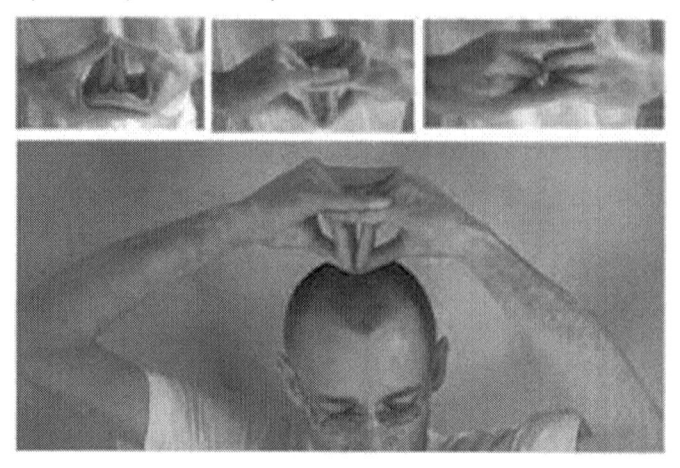

Imagens tiradas da internet

8 REIKI PARA MULTIDÕES E PARA O PLANETA

Conforme exposto anteriormente, todo o poder vem acompanhado da responsabilidade.

Sabe-se que tudo no Universo é composto de energia, portanto pode ser tratado energeticamente.

A partir da sintonização em nível 3-A de Reiki, é desperto um potencial para que o Reikiano se torne Curador da Humanidade e do Planeta, contribuindo para elevação do padrão vibratório dos mesmos.

As técnicas de Reiki para multidões e/ou para o planeta ou regiões, são umas das mais poderosas e curativas técnicas do Reiki, pois não trata apenas uma parte específica do corpo, consciência ou situação, mas vai ao sistema como um todo. Possibilita a compreensão da forma de pensamento seguida pelo grupo, região, país, etc... e auxilia para que seja transformado, transmutado.

Esta técnica atua na aura do grupo ou local. Possibilita que a energia Reiki atue na reprogramação do padrão vibratório existente no mesmo.

Para isso é preciso manter a pureza de intenção, não desejando reformas sociais e/ou direcionando a energia e, sim, deixarmos que ela atue conforme a necessidade e abertura de todos os envolvidos, possibilitando a manifestação de um novo padrão de consciência.

Pode ser usada para elevar o padrão vibratório de presídios, orfanatos, escolas, hospitais, asilos, favelas, prostíbulos, bares e demais locais que necessitem de energia de amor, transformação e cura. Também para tratar florestas, parques, montanhas, rios, oceanos, etc...

Distúrbios climáticos e manifestações como terremotos, tsunames, erupções vulcânicas, buraco na camada de ozônio, chuvas ácidas, etc... são resposta da natureza ao descaso do ser humano para com ela, o homem a tem agredido com lixo atômico, desmatamentos, testes nucleares, emissão de poluentes na água e na atmosfera, etc...

A humanidade não é simplesmente vítima destas agressões, é também, responsável, se não por ação, por omissão.

A partir do Nível IIIA o Reikiano pode atuar como agente na reversão dessa situação, contribuindo para amenizar esses efeitos e possibilitar que a cura se manifeste, através da conscientização da humanidade de sua responsabilidade neste processo.

Reikianos do mundo todo se reúnem para contribuir para que a cura do planeta se manifeste. Os Mestres convidam seus iniciados Mestres para participar deste encontro que é realizado todo domingo às 18h.

8.1 TÉCNICA DE REIKI PARA MULTIDÕES

• Harmonize o seu ambiente com as técnicas que costumas utilizar.

• Dedique cinco minutos a você... utilize sua técnica de centramento habitual.

• Com sua consciência expandida e inteiramente centrado(a) integre-se ao ambiente, mentalize a intenção de harmonizar-se com o grupo, região, país ou situação que deseja tratar. Sinta essa harmonia.

• Trace o CKR (com seu respectivo mantra);

• Trace o DKM (com seu respectivo mantra);

• Trace o HSZSN (com seu respectivo mantra);

• Trace o SHK (com seu respectivo mantra);

• Programe (três vezes) ex: "Estou enviando energia Reiki para (... grupo eu região) com o objetivo de impregná-lo com energia de harmonia, amor, transformação e cura. Que ela seja recebida conforme o merecimento, necessidade e abertura";

• Trace o CKR (com seu respectivo mantra);

• Permaneça enviando energia por 5 a 15 minutos;

• Agradeça a oportunidade de participar deste serviço;

• Lave as mãos (preferencialmente até os cotovelos);

* Há, também, a possibilidade de você utilizar a técnica da redução, visualizando o grupo ou região entre suas mãos.

8.2 – TÉCNICA DE REIKI PARA O PLANETA

• Harmonize o seu ambiente com as técnicas que costumas utilizar.

• Dedique cinco minutos a você... utilize sua técnica de centramento habitual.

• Com sua consciência expandida e inteiramente centrado(a) integre-se ao ambiente, mentalize a intenção de harmonizar-se com o planeta, a humanidade, todos os seres viventes, assim como, todos os elementos, de todos os reinos e dimensões. Sinta essa harmonia;

• Trace o CKR (com seu respectivo mantra);

• Trace o DKM (com seu respectivo mantra);

• Trace o HSZSN (com seu respectivo mantra);

• Trace o SHK (com seu respectivo mantra);

• Programe (três vezes) ex: "Estou enviando energia Reiki para o planeta com o objetivo de contribuir com sua harmonia, equilíbrio e cura, assim como a conscientização da humanidade para que também participe deste processo"

• Trace o CKR (com seu respectivo mantra);

• Permaneça enviando energia por 15 a 30 minutos;

• Agradeça a oportunidade desse serviço;

• Lave as mãos (preferencialmente até os cotovelos);

* Há, também, a possibilidade de você utilizar a técnica da redução, visualizando o planeta entre suas mãos.

9 – TÉCNICA DA BOLHA COR-DE-ROSA – REIKI PARA UM OU PARA MILHARES

• Imagine uma bolha cor-de-rosa e coloque a bolha entre suas mãos,

• Segure a bolha com uma das mãos e trace os símbolos na bolha com a outra mão:

• HSZSN, DKM, SHK, CKR imagine quem ou o que você quiser dentro dessa bolha que está segurando nas mãos, para receber a energia Reiki...

• Se você quiser, pode convidar as pessoas a entrarem... diga que elas são muito bem-vindas e aqui terão o equilíbrio que estão precisando...

• Aplique Reiki na bolha por cerca de 10 a 15 minutos...

• Quando terminar, agradeça ao Universo, aos Mestres do Reiki e a todo o Plano Superior por ter tido a oportunidade de fazer esse trabalho, com amor e prazer...

• Feche as mãos e já estará desconectado... simples e fácil....

O Mestre de Reiki Willian Lee Rand, viveu um tempo com os nativos Kahuna no Hawai e desenvolveu com eles a técnica da "Cirurgia Psíquica".

Huna significa "segredo", Ka significa "guardião". Os sacerdotes Kahunas eram os "guardiões do segredo". Viviam em harmonia entre eles e a natureza. Seus segredos eram passados de pai para filho. Eram capazes de realizar verdadeiros prodígios, tais como cura instantânea, andar sobre as águas e sobre as lavas dos vulcões. Praticavam técnicas de harmonização, proteção e cura usando a energia das mãos, a que chamavam de Mana.

A Cirurgia Psíquica não substitui o tratamento médico convencional, mas é um maravilhoso complemento de harmonização e cura.

Esta técnica atua no campo energético do receptor, não há cortes nem remoção de tecidos físicos. Os bloqueios energéticos são eliminados e o livre fluxo energético é restaurado, restabelecendo a harmonia em níveis físico, emocional, mental e espiritual.

Preferencialmente essa técnica deve ser realizada em um local apropriado (como o consultório do terapeuta), em caso de impossibilidade deve ser dada a preferência à casa do receptor.

O local deve ser tratado energeticamente, elevando-se seu padrão vibratório.

Solicite ao receptor que, evite, nas 24h que antecedem o procedimento, fazer sexo, discussões, carne vermelha e bebida alcoólica.

Jamais utilize esta técnica sem o consentimento do receptor.

10.1 – SEQUÊNCIA DA CIRURGIA

- Pergunte ao receptor se ele deseja ser curado e solicite a autorização ao seu "Eu Superior", respeitando a lei divina do livre arbítrio. Solicite ao seu "Eu superior" a permissão para interferir em seu processo;

- Peça a ele que identifique o motivo da cirurgia, em que parte do corpo está o problema tentando localizar o bloqueio. O receptor em geral sente tensão, ou dor no local, quando pensa no assunto;

- Peça ao receptor para tentar dar uma forma e, se possível, uma cor ao bloqueio de energia negativa que será removido (cubo, esfera, pirâmide, bolha, cacos de vidro, ovo, etc...);

- O receptor poderá estar de pé, sentado ou deitado. Desenhe o DKM (com seu respectivo mantra) em ambas as mãos e bata palmas três vezes. Faça o mesmo com o CKR;

- Trace um grande DKM (com seu respectivo mantra) em frente ao corpo;

- Trace o CKR (com seu respectivo mantra) em frente de seu corpo. Depois, novamente, para cada um dos sete chákras, de baixo para cima, para gerar defesa e proteção energética;

- Alongue o ectoplasma que envolve seus dedos. Isto é feito agarrando-se os dedos com uma das mãos, um de cada vez, imaginando que eles são compostos de uma substância maleável. Eles serão esticados a uma distância de aproximadamente 25 a 30 cm. Aos esticá-los, expire pela boca, fazendo ruído audível. Faça isto em ambas as mãos. Mexa suas mãos de modo a sentir os dedos esticados e a força que eles contêm. Serão seus "bisturis energéticos";

- Mantenha a intenção de cura, uma postura otimista, confiante, definida e clara;

- Invoque a presença, proteção e orientação do Deus de sua devoção, Hierarquias Cósmicas e Hierarquias do Reiki e demais Seres de Luz em que acreditares, para auxiliarem no processo de cura e que esta ocorra com amor e sabedoria divina;

- Peça ao receptor para mentalizar o problema e o local a ser tratado. Trace o CKR (com seu respectivo mantra) sobre a área onde se encontra o bloqueio;

- De pé, numa posição de vigor e determinação, utilizando seus dedos energéticos, que foram alongados (bisturi energético), encontre, "agarre" o bloqueio, puxando-o para fora do corpo áurico do receptor e remetendo "em pedaço" para o Cosmos;

- Quando você retirar a energia negativa, inspire vigorosamente, com sons audíveis. Quando você liberar a energia negativa ao Cosmos, expire vigorosamente, também, com sons audíveis. Para prevenir contaminações imagine que você está inspirando a energia negativa até as mãos e não para os pulmões. A energia negativa deve ficar restrita aos dedos energéticos alongados e não ao corpo;

- Faça isso pelo menos cinco vezes, durante um a três minutos, retirando o bloqueio por ângulos diferentes. Use sua intuição, tente sentir e participar do que está havendo;

- Pergunte ao receptor se ele sente alguma alteração. Caso este ainda sinta o bloqueio, repita o processo acima até que o receptor sinta que a forma (bloqueio) se foi completamente. Neste momento você terá atingido sua meta;

- Terminado o processo, aplique Reiki sobre o local, para "cauterizar" a aura onde estava o bloqueio, enchendo-a com luz;

- Afaste-se, rompa a interação áurica entre você e o receptor com um gesto de corte, tipo golpe de karatê. Retraia os dedos energéticos alongados, um por vez, fazendo sopros audíveis;

• Invoque a presença, proteção e orientação do Deus de sua devoção, Hierarquias Cósmicas e Hierarquias do Reiki e demais Seres de Luz em que acreditares. Solicite que permaneçam assistindo e protegendo o receptor em sua jornada de reencontro com a harmonia e equilíbrio em níveis físico, emocional, mental e espiritual.

• A Cirurgia Energética está concluída. Solicite ao receptor que abra os olhos, retornando à consciência objetiva.

Caso o bloqueio persista ou reapareça, repita o procedimento em outras ocasiões, quantas vezes intuíres.

É aconselhável, após o procedimento, uma sessão de tratamento completo de Reiki. Solicite ao receptor que mentalize e/ou identifique a emoção causadora de sua desarmonia e trate-o com Reiki utilizando todos os símbolos.

Há, provavelmente, algo em sua vida que está gerando esse bloqueio e o tratamento completo possibilitará eliminar suas causas.

Bloqueios energéticos são, muitas vezes, alimentados por emoções e sentimentos negativos, assim como pensamentos e atitudes.

O tratamento com Reiki, florais, cromoterapia e demais tratamentos alternativos são ferramentas de valor inestimável para neutralizar essas desarmonias energéticas causadoras da doença.

A Cirurgia Energética é um procedimento forte, portanto, poderão manifestar-se reações não muito agradáveis ao desfazer-se o bloqueio, como: enjôo, cólicas, ânsia de vômito, enxaqueca, diarréia, etc.

Durante esse período, recomende ao receptor comidas leves, água pura, chás calmantes, meditação, oração, etc. Preferencialmente evite atividades estressantes. Este período pode durar de 7 a 21 dias (aproximadamente), dependendo da gravidade do trauma.

* Somente utilize essa técnica quando estiveres certo de sua necessidade e confiante de sua compreensão. Siga sua intuição e a orientação de seu mestre interior.

10.2 - Resumo dos passos da Cirurgia Psíquica

Quando você tiver compreendido cada passo desta técnica, esse resumo lhe será útil, até memorizar toda a técnica.

"Somente o utilize após compreender cada passo".

• Limpeza do ambiente
• Permissão;
• Identificação;
• Representação;

- Potencializar energia;
- Proteção dos chákras;
- Alongar dedos energéticos;
- Intenção;
- Invocação;
- Receptor mentalizar bloqueio;
- Traçar CKR;
- Agarrar e retirar bloqueio com dedos energéticos;
- Perguntar se já foi eliminado;
- Cauterizar o local com Reiki (enchendo-o com luz);

Romper interação áurica;
- Retrair dedos energéticos;
- Agradecer aos Seres de Luz e solicitar assistência ao receptor;
- Se necessário, fazer uma sessão completa.

11 - REIKI E CRISTAIS

Não há limitações para o Reiki e ele se harmoniza com todo e qualquer elemento da natureza.

Um desses elementos é o cristal.

Os cristais, quando associados ao Reiki, tem seu potencial ampliado e ambos, Reiki e cristais, proporcionam resultados surpreendentes.

Para que começar a trabalhar com os cristais, é interessante conhecer algumas de suas características, assim como das possibilidades.

11.1 – PROPRIEDADES PSICOFÍSICAS DO CRISTAL

Assim como tudo no Universo, os cristais são consciência, porém, são consciências influenciáveis. Tudo o que introduzirmos no cristal, será refletido. Eles têm a capacidade armazenar informações, conhecimentos, compreensão e vibrações emocionais. Por essa razão, deve-se mantê-los próximos em momentos harmoniosos (situações alegres e impregnadas de amor) ou quando se deseja memorizar algo, no entanto, afastá-los em momentos desarmônicos (como momentos de descargas emocionais negativas) para que não sentir sua influência ao aproximar dos mesmos.

Os cristais de quartzo amplificam, dirigem e projetam a energia graças ao seu movimento helicoidal interior. Essa semelhança com a energia espiralada do Reiki, torna-os uma ferramenta poderosa para ampliar o potencial do mesmo. É especialmente útil para tratamentos à distância.

Todos passaram, em sua formação, por contínuas transformações até chegar ao nível em que se encontram, desenvolvendo tanto sua individualidade quanto sua consciência numa constante evolução e armazenam em si tudo o que testemunharam, desde o princípio até memórias mais recentes.

Essas qualidades e esse potencial podem ser compartilhados conosco, possibilitando que nos desenvolvamos e fortalecemos. Ao segurar um cristal, é possível acessar informações de qualquer época ou ponto do Universo, instantaneamente. Basta para isso, nos entregarmos a sua sabedoria

Também em constante comunicação entre eles. Assim como a energia, não se limitam ao tempo e espaço..

Os cristais podem, tanto auxiliar na cura, quanto proteger, manifestando escudos de proteção.

O Reikiano pode programar os cristais para que permaneçam emitindo a energia enquanto se dedica a outras atividades. Essa energia pode ser direcionada a qualquer ser vivo, ambiente, objeto ou situação.

Quando dispostos em uma mandala, sua atuação é amplificada e pode permanecer ativa por até 72 horas.

Se decidir fazer uso dos mesmos em seus tratamentos, é apropriado que busque um conhecimento mais profundo sobre os cristais, pois cada um possui uma vibração própria e alguns são mais apropriados que outros para determinados fins.

Sinta internamente se deve utilizá-los ou não. Até mesmo sua escolha deve ser intuitiva.

"Não escolhemos os cristais, eles nos escolhem".

Antes de utilizar cristais para qualquer trabalho energético, assegure-se de que estão devidamente limpos. Isso pode ser conseguido de diversas formas, entre elas:

• Deixá-los sob a luz do Sol e da Lua por ao menos 7 horas, parcialmente enterrados no solo, pontas para cima;

• Mantê-los em um recipiente com água e sal grosso ao menos por 12 horas;

• Expô-los à energia de uma tempestade;

• Mantê-los sobre uma drusa de ametista (diversos cristais que compartilham uma única base) por ao menos 3 horas (além de limpá-los, os reenergizar).

Pode limpá-los também com o Reiki:

• Coloque-o na palma de sua mão passiva;

• Com a mão ativa, trace os símbolos DKM, HSZSN e SHK (com respectivos mantras);

• Afirme 3x "Estou impregnando esse cristal com energia cósmica para transmutar toda e qualquer energia negativa, eliminando impurezas e preparando-o para que seja programado";

• Trace um CKR (com respectivo mantra);

• Cubra o cristal com a mão ativa e permaneça aplicando por ao menos 10 minutos.

Estando o cristal limpo, pode programá-lo.

• Coloque-o na palma de sua mão passiva;

• Com a mão ativa, trace os símbolos DKM, HSZSN e SHK (com respectivos mantras);

• Afirme 3x "Estou impregnando esse cristal com energia cósmica para que ele capte, amplifique e emita energias de amor, transformação e cura para o ambiente onde ele estiver, beneficiando a todos que entrarem em contato com o mesmo, conforme seu merecimento e necessidade";

• Trace um CKR (com respectivo mantra);

• Cubra o cristal com a mão ativa e permaneça aplicando por ao menos 10 minutos.

As possibilidades de utilização conjunta de Reiki e Cristais são ilimitadas Mantenha-se abertos a sua intuição e criatividade.

Pode, por exemplo, atrair a energia de um local especial, que considere sagrado ou que possui uma energia que tem a qualidade de harmonizar, como uma mata, gruta, cachoeira, montanha, praia, etc.

Esta técnica destina-se a criar uma ponte entre esse local e o Reikiano para conectar com sua energia, onde e quando necessitar e/ou desejar.

Manifesta um portal que ligará você a esse local, bastando para isso, que o mentalize e sintonize com a energia emitida pelo mesmo.

• Adquira um cristal biterminado (duas pontas);

• Limpe-o (conforme a técnica escolhida);

• Encontre no local, um ponto onde as energias podem ser melhor sentidas (preferencialmente, deve ser discreto e de difícil acesso);

• Coloque-o na palma de sua mão passiva;

• Com a mão ativa, trace os símbolos DKM, HSZSN e SHK (com respectivos mantras);

• Afirme 3x "Estou impregnando esse cristal com energia cósmica para que ele capte, amplifique e emita energias de amor, transformação, harmonia e cura deste lugar para o local onde estiver, sempre que me sintonizar com o mesmo";

• Trace um CKR (com respectivo mantra);
• Cubra o cristal com a mão ativa e permaneça aplicando por ao menos 10 minutos;
• Retire-se, respeitosamente do local.

Neste caso não há necessidade de reprogramação ou recarga.

11.2 – MANDALAS DE CRISTAIS

Mandala, em sânscrito, quer dizer círculo.

A mandala é um dos símbolos mais utilizados Universalmente, a maioria das culturas a utiliza.

É utilizada para representar as manifestações, no plano físico e a perfeição no plano espiritual.

Simboliza a imutabilidade das leis cósmicas e a regularidade dos ciclos universais e naturais.

Ao integrar esse símbolo a uma visualização apropriada, focalizando suas propriedades esotéricas, é possível criar um laço místico entre os diversos aspectos do ser: físico, emocional, mental e espiritual e os planos superiores da Consciência Universal.

São inúmeras as mandalas conhecidas, utilizadas nas mais diversas culturas. Figuras geométricas, muitas vezes inseridas em um círculo e outras onde ele está subjetivamente representado, quando utilizadas, criam um campo energético no espaço ao seu redor, beneficiando aos que ali se encontram.

Associada aos Cristais e ao Reiki, torna-se um poderoso instrumento gerador de energias de proteção, harmonização e cura.

Uma mandala de cristais pode ser criada com um símbolo de cura já conhecido, como o Hexagrama ou o Antahkarana por exemplo, ou da maneira como sua intuição determinar, com o cuidado de sempre usar ao menos um cristal de 1 ponta como veremos à frente.

Esta mandala pode ser utilizada para enviar energia para um grupo de pessoas, região ou situações ao mesmo tempo. Isso ocorre independente de nossa presença, sendo necessário, apenas, que ela não seja desmontada antes do tempo previamente determinado e que seja reativada periodicamente (a cada 72 horas, no máximo).

Conforme as demais técnicas de Reiki, as possibilidades são ilimitadas. Ela não se limita a solução de problemas e situações pessoais, mas possibilita nossa integração na transformação, regeneração planetária.

ANTAHKARANA

O Antahkarana (Antar = interior e Karana = instrumento) é um instrumento de conhecimento interior, representando a ponte entre a mente inferior e superior.

Conforme a filosofia tibetana, ele faz parte da anatomia espiritual, representando a ligação entre o cérebro físico e o Eu Superior, o qual deve crescer para que você cresça espiritualmente.

Símbolo de meditação e cura, utilizado a milhares de anos por diversas culturas, sua proximidade beneficia os centros energéticos e jamais pode ser mal utilizado ou causar mal a alguém.

Pode ser colocado em qualquer lugar, contribuindo para elevação do padrão vibratório (sob uma mesa, cadeira, atrás de quadros, etc) harmonizando o ambiente e quem estiver nele.

Intensifica qualquer trabalho de cura (não limitando-se ao Reiki).

Por ser um símbolo multidimensional, atua em diferentes planos.

É formado por três setes em uma superfície plana.

Este símbolo sagrado esteve guardado por milhares de anos, sendo conhecido apenas por Iniciados. Porém, agora, chegou o momento de toda a humanidade se beneficiar com ele, tendo acesso ao potencial despertado.

HEXAGRAMA

O Hexagrama tem origem na mais remota Antigüidade, tendo sido usado, inclusive, pelo rei Davi (estrela de Davi), grupos esotéricos antigos, seitas e ocultistas do passado. Isto não significa que seja um símbolo ultrapassado, pois manterá sempre suas características.

Na ciência radiônica é considerado um gráfico altamente harmonizador, como também unificador.

Ao separar as figuras do gráfico percebe-se dois triângulos, um voltando para cima e outro baixo. O triângulo voltado para baixo pode significar a Santíssima Trindade (Pai, Filho e Espírito Santo), o plano tridimensional (físico), representa a graça divina voltada para a terra. O outro, o homem em busca de sua Realização Espiritual.

Este gráfico representa o Chákra Cardíaco, unificando os três chákras inferiores, elevando-os aos três superiores. Os triângulos entrelaçados manifestam o potencial unificador e contínuo.

Pode ser usado para elevar a consciência, harmonizar os chákras, unificar os corpos sutis, harmonizar um ambiente que esteja espiritualmente conturbado, manifestar no plano físico à vontade do plano superior (e não a nossa), auxiliar em estudos profundos, aguçar a intuição, buscar contato com nosso Eu Superior, proteção espiritual, limpeza de ambiente destinado ao relaxamento e meditação, proporcionando maior receptividade. Existem ainda muitas outras aplicações.

HEXAGRAMA/ANTAHKARANA INTEGRADOS.

Conforme já explicado o Hexagrama representa o equilíbrio, a união entre o plano físico e o espiritual, assim como o Chákra Cardíaco que é a ponte entre os demais chákras. O Antahkarana pode representar a ponte entre nossa manifestação física e nosso "Eu Superior" (uma das características do Chákra Coronário), entre outras características.

A mandala integrando o Hexagrama e o Antahkarana tem o objetivo de ser uma poderosa ferramenta para trabalhos de cura e meditação.

As cores verde e violeta representam os Chákras Cardíaco e Coronário.

Experimente-a em suas atividades e constate os benefícios.

11.2.1 CONSTRUÇÃO DA MANDALA DE CRISTAL

1. Prepare um local especial, de preferência que só você tenha acesso, para montar a sua mandala. Esse local pode ser um altar ou qualquer outro lugar que passará a ficar sagrado em sua casa;

2. Você pode escolher um pano ou cartolina para forrar o local onde será montada a mandala. Caso deseje optar por cores, uma boa opção é o azul escuro que representa o infinito, o cosmos;

3. Desenhe, pinte, coloque o hexagrama ou o Antahkarana sobre o pano ou cartolina;

4. Escolha 8 cristais, usando sua intuição, tomando o cuidado para ter:
- seis cristais biterminados;*
- um cristal gerador*, pirâmide ou bola de cristal;
- um cristal Mestre;*

5. Purifique-os antes de serem usados (utilize uma das técnicas ensinadas ou outra que conheças para limpá-los);

6. Programe-os para emitir energia de amor, transformação e cura (conforme exposto anteriormente);

7. Coloque cada um dos seis cristais bideterminados em cada ponta do Hexagrama ou Antahkarana, com suas pontas direcionadas para o centro da figura. A distância entre os cristais pode variar de 20 a 30 cm, dependendo do tamanho da mandala.

8. O cristal mestre é colocado do lado de fora da mandala e é ele que irá energizar os outros cristais, fazendo a interligação entre os 6 cristais que ficarão nas pontas com o cristal do centro, mantendo a mandala ativada;

9. Coloque o Cristal Gerador no centro. Não os mova mais para não enfraquecer a conexão energética. O cristal do centro servirá de base para a colocação dos pedidos;

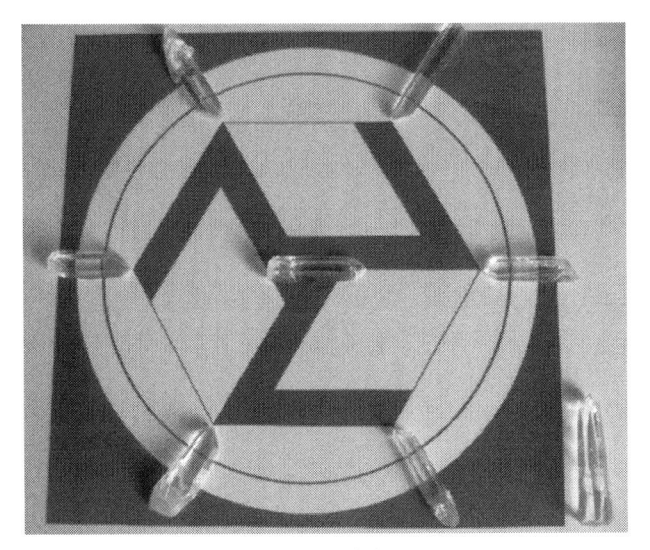

Imagem tirada da internet

Imagem tirada da internet

    10. Prepare envelopes, um para cada pessoa, onde serão colocados fotos e cartões com pedidos. No verso da foto e cartões de pedidos devemos desenhar os símbolos DKM, HSZSN, SHK e CKR (com os seus respectivos mantras). Nos cartões coloque os dados pessoais (nomes, endereços), os pedidos e afirmações;

    11. Use afirmações escritas tais como:

- "Eu me permito curar e transformar toda vida ao meu redor".
- "Eu sou pleno de felicidade e harmonia".

• "As energias que fluem através de mim se tornam cada vez mais fortes".

Use sua intuição criativa para gerar novas afirmações.

12. Os envelopes, com fotos e pedidos, coloque debaixo do cristal do centro, eles receberão Reiki da mandala sem interrupção. Não esqueça de colocar sua foto também;

13. Após a colocação dos envelopes, contendo as fotos e os pedidos debaixo do cristal central, aplique, sem encostar no mesmo, sobre o cristal central, usando os símbolos DKM, HSZSN, SHK e CKR, mais 10 minutos de Reiki;

14. Segure o cristal mestre com a mão dominante, leve-o ao centro, aponte-o e gire-o sobre o cristal do meio e mova-o para um dos cristais externos, indo de um cristal ao outro, sempre voltando ao centro e retornando ao mesmo cristal, como se estivesse cortando os pedaços de uma torta. Este processo é feito um pouco acima da mandala, imaginando a energia Reiki saindo do cristal mestre e energizando a mandala. Você pode fazer isto tanto no sentido horário como anti-horário, dependendo de como se sinta. Aqui é costume girar no sentido anti-horário, em função da energia cósmica girar em espiral neste sentido.

15. Gire o cristal mestre ao redor da mandala pelo menos oito a dez vezes. Enquanto energiza sua mandala com o cristal mestre, pronuncie ou mentalize uma série de afirmações tais como:

• "Eu energizo esta mandala com luz para curar, curar, curar...".

• "Eu energizo esta mandala com amor para transformar, transformar, transformar...".

Use sua intuição criativa e gere suas próprias afirmações.

16. Repita a mesma operação a cada 72 horas, para manter a mandala ativa e energizada.

Se houver disponibilidade de tempo, se preferir, você, poderá ativá-la diariamente.

17. Você deverá executar nova limpeza de cristais somente quando mudar ou introduzir um novo pedido debaixo do cristal central.

* OBS:

Cristal Mestre – A energia circula dentro de uma estrutura molecular espiralada, rodando no sentido horário. Examine o cristal e procure uma figura geométrica em suas arestas laterais. É o Cristal Mestre.

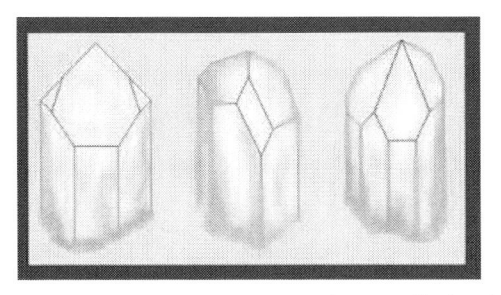

Imagens tiradas da internet

Cristal gerador – Freqüentemente em proporções maiores, com intensa energia efetiva que pode ser utilizada para canalizar e gerar pura energia cósmica, muito usados em trabalhos de cura por essa propriedade. Apresentam seis faces que terminam em uma ponta precisa, podendo apresentar sua base "nublada", mas devendo ter sua parte superior bem definida.

Imagem tirada da internet

Cristal biterminado – Apresenta seis faces como os outros, porém uma ponta em cada extremidade. Projetam energia pelas duas pontas, concentrando-se no meio do corpo.

Utilizados para recepção e transmissão simultânea de energia entre dois pontos.

12 - MEDITAÇÃO COM OS SÍMBOLOS

• Sente-se confortavelmente, posicione suas mãos com as palmas para cima;

• Por aproximadamente 3 minutos focalize sua respiração, focalize cada etapa de sua respiração, você inspira, retém, exala, retém... faça respirações abdominais, (ao inspirar você enche seu abdômen, ao exalar o contrai);

• Invoque a presença, proteção e orientação do Deus de sua devoção, Hierarquias Cósmicas e Hierarquias do Reiki e demais Seres de Luz em que acreditares;

- Visualize a sua frente o símbolo DKM, na cor branca e repita o mantra correspondente três vezes;
- Conduza-o até a parte superior da sua cabeça e visualize-o entrando pelo Chákra Coronário e descendo pela coluna até o Chákra Básico. Visualize que todos os chákras se tornam mais luminosos e energéticos à medida que o símbolo DKM desce pela coluna. Sinta a energia dos chákras expandindo-se (siga o caminho que o símbolo percorre, perceba como ele atua em cada chákra, sinta o chákra harmonizar-se);
- Visualize à sua frente o símbolo HSZSN, na cor azul índigo e repita o mantra correspondente três vezes;
- Conduza-o até a parte superior da sua cabeça e visualize-o entrando pelo Chákra Coronário e descendo pela coluna até o Chákra Básico. Visualize que todos os chákras se tornam mais luminosos e energéticos a medida que o símbolo HSZSN desce pela coluna. Sinta a energia dos chákras expandindo-se (siga o caminho que o símbolo percorre, perceba como ele atua em cada chákra, sinta o chákra harmonizar-se);
- Visualize à sua frente o símbolo SHK, na cor verde folha e repita o mantra correspondente três vezes;
- Conduza-o até a parte superior da sua cabeça e visualiza-o entrando pelo Chákra Coronário e descendo pela coluna até o Chákra Básico. Visualize que todos os chákras se tornam mais luminosos e energéticos a medida que o símbolo SHK desce pela coluna. Sinta a energia dos chákras expandindo-se (siga o caminho que o símbolo percorre, perceba como ele atua em cada chákra, sinta o chákra harmonizar-se);
- Visualize à sua frente o símbolo CKR, na cor violeta e repita o mantra correspondente três vezes;
- Conduza-o até a parte superior da sua cabeça e visualiza-o entrando pelo Chákra Coronário e descendo pela coluna até o Chákra Básico. Visualize que todos os chákras se tornam mais luminosos e energéticos a medida que o símbolo CKR desce pela coluna. Sinta a energia dos chákras expandindo-se (siga o caminho que o símbolo percorre, perceba como ele atua em cada chákra, sinta o chákra harmonizar-se);
- Você está inteiramente harmonizado;
- Agora, ao inspirar, você absorve a energia cósmica pelo topo da cabeça, ao reter ela expande-se na altura do umbigo, ao exalar ela distribui-se por todos os centro energéticos, com as qualidades e freqüências de cada um dos símbolos, sendo emitida no ambiente em que nos encontramos;
- Visualize o ambiente todo sendo harmonizado, poderá estimular a visualização, imaginado que uma luz dourada espalha-se por todo o ambiente;
- Quando sentir o ambiente harmonizado, visualize que essa luz começa a

formar um escudo de energia à sua volta, é como uma esfera de energia que se forma que irá proteger-lhe de todo e qualquer mal que possa ser dirigido à você;

• Se em qualquer momento do dia você sentir que o escudo está ficando permeável, basta visualizá-lo novamente e ele se fortalece, isso nos toma apenas alguns segundos;

• Permaneça em silêncio e receptivo às vibrações e inspirações do momento.

À primeira vista, pode parecer complexo ou difícil, pode parecer que irá tomar muito tempo, porém, se você compreender a técnica, perceberá que em 10 ou 15 minutos, obterá uma maravilhosa proteção...

13 – AMPLIFICANDO A ENERGIA

Para intensificar a emissão de energia Reiki, o Reikiano IIIA pode traçar em ambas as mãos o Símbolo Cho Ku Rei e o Dai Koo Myo antes da aplicação.

14 TÉCNICA DE REGRESSÃO – REIKI COM TERAPIA DE VIDAS PASSADAS

Conforme ensinado no nível II, a energia cósmica rompe tempo e espaço. Com a utilização dos símbolos do Reiki é possível a manifestação de um portal que possibilita que viajemos para qualquer época de nossa existência (passado e/ou futuro), assim como induzir o mesmo a outras pessoas que o necessitem. Desta forma, poderão contribuir com técnicas de regressão.

Devemos estar conscientes de nossa responsabilidade.

Ao induzirmos alguém a uma regressão, poderemos fazer com que o receptor acesse situações traumatizantes que, ao tornarem-se conscientes poderão servir de gatilho para que sentimentos e emoções presentes na situação despertem novamente. É necessário que o terapeuta esteja preparado para "deletá-lo", transformando a situação de forma amorosa e criadora.

Por essa razão, essa técnica deve ser utilizada apenas por pessoas que estejam preparadas para tal situação e em casos de real necessidade (tendência ao suicídio, fobias que impeçam a realização de atividades essenciais...).

Outro fator que podemos levar em conta é que, havendo a necessidade de o receptor acessar determinada memória para a manifestação de sua cura, quando em um tratamento através o Reiki, pela utilização dos símbolos a regressão poderá vir espontaneamente, sem qualquer risco para o receptor. Não havendo necessidade do receptor ter consciência da situação que provocou o trauma, ele poderá ser curado de forma suave e imperceptível.

14.1 - Primeira técnica

- Prepare o ambiente utilizando as técnicas de harmonização usuais e com os elementos que achar necessário (providencie para que não seja interrompido);
- Sente o receptor confortavelmente;
- Pergunte a ele se deseja ser curado usando a técnica de regressão;
- Invoque a presença, proteção e orientação do Deus de sua devoção, Hierarquias Cósmicas e Hierarquias do Reiki e demais Seres de Luz em que acreditares;
- Peça permissão ao "Eu Superior" ou anjo da guarda do receptor para que possas interferir neste processo;
- Aplique 10 minutos de Reiki, à distancia, no receptor, usando a Técnica da Redução.
- Aplique 5 minutos de Reiki sobre o Chákra Coronário e 5 minutos na terceira posição da cabeça (uma mão na testa e outra na nuca), visando harmonizar a glândula pineal e acessar seu subconsciente);
- Coloque a mão não dominante, em concha, sobre o Chákra Coronário do receptor. Trace, com a mão dominante, os símbolos DKM, HSZSN e SHK (com os respectivos mantras). Faça três afirmações em voz alta, da seguinte forma: "Neste momento, manifesta-se um portal interdimensional possibilitando que a energia cósmica canalizada por mim, siga em ondas quânticas para o passado de (... fulano de tal), juntamente com sua mente consciente, sua consciência"
- Trace o CKR (com seu respectivo mantra) e permaneça nesta posição por, aproximadamente, 3 minutos
- Induza a regressão, solicitando, suavemente, que recorde situações do último ano e, lentamente vá regredindo no tempo, recordando fatos importantes que marcaram sua vida, viagens, nascimento de filhos, casamento, escola, amizades... até chegar à infância a uns 2 a 3 anos de idade. Busque localizar algum acontecimento traumático que identifique a causa deste bloqueio energético, não o encontrando, vá mais fundo, continue a regressão;
- Solicite que mentalize a data de nascimento e leve-o para o útero materno (ele poderá encolher-se em posição fetal);
- Solicite que ele visualize ou imagine um túnel violeta, giratório que o liga ao passado, peça-lhe que projete-se através do túnel em direção à uma luz que há no final do mesmo. Peça que se agarre a esse ponto. Isso possibilitará que ele tenha "insights" de sua vida anterior;
- Você poderá continuar buscando novas vivências;
- Solicite ao receptor para mentalizar, neste momento, a causa de seu

problema (rejeição, depressão, tendência suicida, fobia...)

• No momento em que o receptor identificar a causa (fique atento!) coloque uma das mãos no Chákra Frontal e a outra na nuca e passe a fazer afirmações vis ando dissolver aquele bloqueio;

• Lenta, amorosa e suavemente, traga o receptor à data de nascimento, a data atual e a consciência objetiva. Ele poderá estar sonolento, meio confuso e talvez, constrangido, pois poderá ter vivenciado situações importante s e íntimas. Demonstre seu respeito e amor a ele.

Lembre-se que somente obterás êxito nesta técnica se a utilização da mesma for autorizada (consciente e inconscientemente) pelo receptor. Se ele tiver medo ou qualquer restrição a técnicas deste tipo, poderá bloqueá-la e não haverá possibilidade de realizá-la. A confiança no terapeuta é fundamental.

Não havendo obstáculos, os resultados poderão ser surpreendentes. Mas lembre-se da responsabilidade que acompanha o conhecimento.

14.2 - Segunda Técnica

Esta técnica pode ser usada inclusive para regredir pessoas à vivências anteriores, podendo ser usada, com sucesso, concomitantemente com outras técnicas convencionais de Terapia de Vidas Passadas.

Muitos procuram a regressão por mera curiosidade. Sou contra fazer esta técnica por fazer, sem objetivo claro, definido, que justifique o processo. Determinadas informações do passado, afloradas na mente consciente do paciente, poderão prejudicá-lo no que concerne ao processo evolutivo e de resgate kármico, portanto faça uma regressão COSMOÉTICA, sem interferir ou incentivar reconhecimentos.

Utilize esta técnica somente em último caso, como, por exemplo, tentativa permanente de suicídio, etc....

Siga a seqüência:

• Sente o paciente confortavelmente, reduza a luz, coloque música, vela, incenso, um copo com água e uma pedra (quatro elementos). Previna-se para não ser interrompido pelo telefone ou campainha;

Respeitando a lei divina do livre arbítrio, pergunte ao paciente se ele deseja ser curado usando a técnica da regressão;

• Faça uma oração silenciosa dirigida a Deus. Peça auxílio aos anjos e arcanjos, aos mestres do Reiki e aos seus anjos guardiões que auxiliem no processo. Faça uma oração pedindo ao anjo guardião do paciente autorização para interferir no processo;

• Aplique 10 minutos de Reiki, a distancia, no paciente, usando a Técnica da redução.

• Aplique 5 minutos de Reiki sobre o Chákra Coronário e 5 minutos na terceira posição da cabeça invertida (uma mão na testa e outra na nuca), visando harmonizar o sexto Chákra, a glândula pineal e acessar seu subconsciente;

• Coloque a mão não dominante, em concha, sobre o Chákra Coronário do paciente.

• Trace, com a mão dominante, os símbolos DKM, HSZSN e SHK, sem esquecer os mantras respectivos e as frases de afirmação de cada símbolo.

• Após isso, faça três afirmações em voz alta, da seguinte forma: "A energia, através de ondas quânticas, segue para o passado de "fulano de tal", juntamente com a sua mente consciente, sua consciência";

• Neste momento trace o CKR e permaneça nesta situação por, aproximadamente, 3 minutos;

• Comece, suavemente, a conversar com o paciente, fazendo com que se recorde de situações significativas do último ano. Vá trazendo sua lembrança para fatos significativos do passado casamento, noivado, aniversário, viagem, etc...);

• Traga sua lembrança à pré-infância, com 2 ou 3 anos de idade;

• Peça que mentalize sua data de nascimento, dia, mês e ano. Traga-o para o útero materno. É comum, nesse momento, o paciente se encolher em posição fetal;

• Peça ao paciente que visualize um cone violeta giratório, que penetre neste túnel rumo ao passado, localize um ponto luminoso e "agarre-se" a ele. Neste momento a pessoa terá insights ou consciência da sua vivência anterior. Você pode continuar o processo rumo a outras vivências;

• Peça à pessoa para mentalizar, neste momento, a causa de seu problema (rejeição, depressão, tendências suicidas, fobias, etc....).

• No momento em que o paciente identificar a causa (fique atento!) coloque uma das mãos no Chákra Frontal e a outra na nuca e passe a fazer afirmações visando dissolver aquele bloqueio;

• Traga a pessoa novamente à data de seu nascimento e posteriormente para a data atual.

* Esta técnica é extremamente útil para reprogramação mental do paciente.

15 TÉCNICA DE PROJEÇÃO ASTRAL

A projeção astral ou desdobramento é a faculdade que possibilita projetarmos nosso corpo psíquico para fora do corpo físico, transcendendo a dimensão física.

Muitos Iniciados desenvolveram essa capacidade e podem projetar-se psiquicamente a grandes distâncias, transcendendo tempo e espaço. Acessando, desta forma, conhecimentos que não seriam possíveis de outra forma.

Essa capacidade é inerente à muitas pessoas, em outras, para desenvolvê-la, é necessário um trabalho dedicado de disciplina que poderá levar meses ou anos de prática.

Muitas escolas Iniciáticas trabalham com desenvolvimento desta faculdade.

O Reiki aliado à meditação poderá ser uma ferramenta de valor inestimável para reduzir significativamente o tempo necessário para desenvolvê-la.

Apresentamos aqui uma técnica com esse objetivo.

Tenhas consciência de que, embora essa técnica venha lhe auxiliar a desenvolver essa faculdade, sua atitude é que poderá manifestá-la.

Sinta internamente se você deseja, realmente, desenvolver essa capacidade.

• Prepare e harmonize o ambiente com as técnicas usuais;

• Sente-se confortavelmente;

• Invoque a presença, proteção e orientação do Deus de sua devoção, Hierarquias Cósmicas e Hierarquias do Reiki e demais Seres de Luz em que acreditares, pedindo que auxiliem no processo

• Faça 10 minutos de auto-aplicação de Reiki, usando a técnica do joelho ou da redução, visando a harmonização dos chákras e da aura. Aplique mais cinco minutos na terceira posição da cabeça, invertida, (uma mão na testa e a outra na nuca) visando harmonizar o Chákra Frontal ;

• Trace os símbolos DKM e HSZSN (com os respectivos mantras);

• Levante as mãos, em concha, mentalize a formação de uma grande esfera violeta se formando à sua frente;

• Afirme três vezes "Estou manifestando um portal interdimensional com a finalidade de harmonizar-me com (… "fulano de tal ou tal lugar") durante o período de (.. "tal a tal hora");

• Trace o símbolo SHK e o CKR (com seus respectivos mantras);

• Dirija a esfera violeta até um ponto entre suas sobrancelhas, bem no centro de sua cabeça, mentalize que ali está seu terce iro olho. Visualize a esfera e o terce iro olho fundindo-se, transformando-se numa pequena tela violeta;

• Focalize sua atenção nessa tela, leve toda a sua consciência à ela. Você passará a visualizar símbolos, objeto s ou pessoas. Figuras e imagens que poderão tornar-se cenas.

Permaneça atento, possivelmente, a resposta à sua solicitação se manifestará com essa visão interior.

Mesmo que não obtenhas os resultados esperados nas primeiras práticas, se desejares desenvolver esse potencial continues praticando.

Lembre-se: "toda criação é resultado de 1% de inspiração e 99% de transpiração".

16 TÉCNICA DE VIAGEM AO INTERIOR DO SER

1ª Parte

• Realize todos os procedimentos preparatórios usuais;

• Após o alisamento da aura, trace um CKR no Chákra Coronário do receptor visualizando-o entrando até a altura do Cardíaco;

• Ainda posicionado na cabeça do receptor, trace os símbolos na altura do Chákra Frontal (trace-os com a mão em concha e faça um movimento como se os apanhasse e os inserisse no Chákra Frontal do mesmo);

• Vá até os pés do receptor e novamente trace os símbolos. Sinta que a energia cósmica está impregnando todos os corpos do receptor, preparando-o para a sessão;

• Com uma voz suave e tranqüila, solicite ao receptor que focalize sua respiração, respirando lenta e profundamente, focalizando cada etapa de sua respiração (inspira, retém, exala, retém). Harmonize, você também, sua respiração;

• Quando você solicitar ao receptor que relaxe uma parte de seu corpo, direcione a energia à ela, permanecendo com suas mãos a uma distância de 5 cm do corpo dele, não é necessário que o receptor vire de bruços ao relaxar as costas, apenas mentalize a energia impregnando suas costas.

Comece então, a induzir o relaxamento, falando da seguinte forma:

"• Comece a relaxar cada parte de seu corpo;

• Quando eu me dirigir a uma parte, leve toda a sua consciência à ela, como se somente ela existisse, nada mais, e relaxe-a inteiramente, completamente;

• Dirija-se para seus pés, relaxe inteiramente os seus pés (dedos dos pés, planta, calcanhares, dorso dos pés, tornozelos). Sinta seus pés, inteiramente relaxados;

• Dirija-se para suas pernas, dos tornozelos até os joelhos. Relaxe inteiramente suas pernas;

• Dirija-se para suas coxas, dos joelhos até os quadris. Relaxe inteiramente suas coxas;

• Dirija-se para seus quadris, toda a área de seus quadris. Relaxe suas nádegas e órgãos genitais;

• Dirija-se para o seu abdômen. relaxe os músculos do abdômen e órgãos internos;

• Dirija-se para o seu tórax. Relaxe toda a área de seu tórax;

• Dirija-se para as suas costas (da base da coluna até o pescoço). Relaxe os músculos das costas e vértebras da coluna;

• Dirija-se para os seus braços. Relaxe os dedos das mãos, mãos, pulsos, antebraços, cotovelos, braços, ombros;

• Dirija-se para o seu pescoço. Relaxe os músculos do pescoço, garganta, cordas vocais;

• Dirija-se para sua cabeça. Relaxe seu queixo, maxilares, boca (a língua deve estar solta), nariz, faces, orelhas, te sta, nuca, topo da cabeça;

• Você está inteiramente relaxado."

2ª Parte

A segunda parte é realizada enquanto você realiza a sessão com as posições usuais (conforme a necessidade do receptor).

Ative novamente os símbolos de Reiki (com seus respectivos mantras) e diga ao receptor:

"• Focalize o ponto entre suas sobrancelhas, bem no centro de sua cabeça;

• Mentalize uma luz neste ponto;

• Ao inspirar focalize a luz e o ponto;

• Ao exalar, sinta essa energia expandindo-se, expandindo cada vez mais a cada respiração (permaneça 1 minuto com essa atitude);

• Agora sua cabeça é uma grande esfera iluminada. Numa expiração completa, porém tranqüila, derrame essa luz por todo o seu corpo;

• Sinta seu corpo todo sendo impregnado por essa luz;

• Cada célula, órgão ou sistema é iluminado por essa energia. Passando a vibrar em uma freqüência mais elevada;

• Sinta seus centros energéticos sendo, também, estimulados;

• Seu padrão vibratório se eleva e sua consciência se expande;

• Você está em um estado de consciência, onde tudo lhe é permitido realizar. Tempo e espaço são inexistentes. Sua consciência poderá projetar-se para qualquer lugar ou época de sua existência;

• Visualize um lindo jardim;

• Para entrar neste jardim é necessário que você percorra um caminho de pedras arredondadas;

- A temperatura está agradável e o Sol brilha lindamente;
- Liberte-se dos calçados;
- Com os pés descalços, percorra esse caminho (em nossos pés existem dezenas de pontos reflexos que refletem todo nosso corpo, ao caminhar sobre essas pedras você está recebendo uma massagem terapêutica que te beneficia completamente, inteiramente). Sinta a energia que percorre seu corpo;
- Olhe ao seu redor. Veja centenas de flores, de todos os tipos e cores. Dezenas de borboletas surgem à sua frente, como se ensaiassem uma linda dança
- Sinta os aromas deste lugar e a suave brisa que acaricia seu rosto;
- Ouça o canto dos passarinhos e, ao longe, um barulho de água. Siga nesta direção.
- Vislumbre uma linda fonte de pedras, com água cristalina e transparente. Com as mãos em concha, beba a água desta fonte, sinta o quanto ela é refrescante;
- Olhe para a esquerda e visualize um leito de pétalas de flores;
- Deite-se neste leito;
- Prepare-se para entregar-se inteiramente à cura;
- Sete Seres de Luz aproximam-se de você. Em suas mãos, trazem cristais que posicionam ao seu redor;
- Raios de energia projetam-se destes cristais em sua direção, impregnando cada parte de seus corpos que necessita de energia de cura (permaneça 3 minutos neste ponto da viagem);
- Você sente a energia expandir-se e seu corpo inteiramente iluminado, harmonizado, saudável, curado;
- Sinta seu coração sendo estimulado. Você é tomado de um intenso e profundo amor. Seu coração, então, cresce e você sente necessidade de compartilhar esse amor;
- Mentalize todas as pessoas que você ama. Projete seu amor à elas (imagine um raio de energia saindo de seu coração atingindo o coração de cada uma delas);
- O amor é uma energia inesgotável, ilimitada. Quando mais o compartilhamos, mais temos à nossa disposição. Compartilhe-o, também com todas as pessoas que vierem a sua mente, até mesmo aquelas que te mago aram e/ou você magoou (permita que o amor transmute a raiva, o ressentimento, a culpa...). Sinta que apenas o amor permanece.
- Permaneça 3 minutos neste ponto da viagem (controle o tempo)
- Você está inteiramente harmonizado, curado, em paz;
- Agradeça aos Seres de Luz que se fizeram presentes. Visualize-os

afastando-se, levando consigo os cristais;

• Levante-se do leito de pétalas de flores;

• Aproxime-se novamente da fonte e, com as mãos em concha, beba novamente a água. Sinta o poder energético desta água;

• Prepare-se para sair do jardim. Percorra, novamente, o caminho de pedras arredondadas;

• Escolha a flor que mais chamar sua atenção, aproxime-se dela e (sem arrancá-la) toque-a com suas mãos e sinta seu perfume;

• Saia do jardim."

Comece a concluir a sessão, efetuando os procedimentos finais (varredura da aura...) e oriente o receptor:

"• Faça uma respiração profunda;

• Comece, lentamente, a retornar à consciência objetiva;

• Sinta novamente, seus pés, pernas, mão s, braços, cabeça;

• E retorne, inteiramente harmonizado e feliz."

Neste procedimento não induzimos uma viagem astral. Possibilitamos que através da expansão da consciência o receptor se harmonize com o ambiente ou época desejada (ou necessária).

17 TÉCNICA DE PROJEÇÃO DE ENERGIA PARA A ORIGEM DO TRAUMA

O Reiki é uma energia inteligente e não atua como um paliativo, ele trata a causa, a fonte de toda a desarmonia (desde que a pessoa esteja aberta a transformar o que for necessário para que isso se manifeste. Ex: um fumante que não deseja largar o vício não pode desejar ter seu pulmão curado)

No caso de um trauma, ele não irá "deletar" a situação em si, mas poderá modificar, gradativamente as conseqüências, os efeitos deste trauma. Mesmo que não o conheçamos isso é possível, pois ao utilizarmos os símbolos, o portal é aberto e a energia atuará onde for necessário.

Porém, se desejamos atuar mais conscientemente neste processo, há possibilidade de fazê-lo. Devemos estar conscientes de que não devemos interferir nas lições que são necessárias para nosso crescimento, nossa evolução. Porém, podemos atuar com a intenção de que esse aprendizado se manifeste de forma clara e tenhamos consciência do que é necessário para que a cura se manifeste. Isso poderá resultar em grandes mudanças, pois estaremos acelerando o processo.

Poderemos fazer desta forma:

• Lave as mãos

- Realize a Proteção dos Chákras
- Faça as Invocações de costume
- Realize a 1ª e 2ª posições da cabeça
- Posicione suas mãos na 3ª posição "invertida" Mão passiva no Chákra Coordenador (nuca/occiptal) e mão ativa no Chákra Frontal (testa)
- Trace o DKM (com seu respectivo mantra)
- Trace o HSZSN (com seu respectivo mantra)
- Trace o SHK (com seu respectivo mantra)

Para você - Programe por 3 x "estou manifestando um portal interdimensional para que a energia cósmica siga em ondas quânticas para a situação que originou (determinar a doença ou trauma), possibilitando modificar os hábitos que interferem em minha evolução e crescimento e/ou criar os hábitos necessários para que a cura se manifeste."

Para outras pessoas - Peça autorização ao "Eu Superior" do receptor para interferir em sua jornada se isso for necessário e correto para sua harmonia e equilíbrio. Programe por 3 x "estou manifestando um portal interdimensional para que a energia cósmica siga em ondas quânticas para a situação que originou (determinar a doença ou trauma), possibilitando modificar os hábitos que interferem na evolução e crescimento de "fulano de tal" e/ou criar os hábitos necessários para que a cura se manifeste."

- Trace o CKR (com seu respectivo mantra)
- Permaneça aplicando 10 minutos nesta posição
- Realize uma aplicação completa
- Agradeça aos Seres de Luz que invocastes pela participação na sessão
- Lave as mãos (preferencialmente até os cotovelos)

18 TÉCNICA DA CASCATA ENERGÉTICA

Uma forma maravilhosa de nos beneficiarmos com a energia cósmica é a unirmos com a visualização.

Nesta técnica, não utilizamos nenhuma posição, apenas nos entregamos à energia e auxiliamos o processo com a visualização.

- Potencialize a energia ativando os símbolos DKM e CKR em ambas as mãos;
- Realize a Proteção dos Chákras;
- Sente-se confortavelmente;
- Posicione suas mãos sobre as coxas, palmas para cima;
- Durante o procedimento, a respiração deverá ser abdominal (ao inspirar

você expande o seu abdômen, ao exalar o contrai);

• Ative os símbolos DKM, HSZSN, SHK e CKR (com seus respectivos mantras), mentalize a intenção de que " as qualidades e características deles possam beneficiá-lo de forma a possibilitar todas as transformações necessárias para seu crescimento e evolução, assim como, expandir seu potencial energético e elevar seu padrão vibratório."

• Ao inspirar, visualize (ou imagine) que um forte fluxo de energia derrama-se sobre sua cabeça impregnando todo o seu ser (poderás imaginar que estás debaixo de uma cascata de energia);

• Ao exalar, visualize e sinta, que essa energia expande-se e espalha-se por todo o seu ser (ela está em todo lugar, em todos os níveis, dentro, fora e através);

• À medida que essa energia expande-se, você sente que você é energia (você e a energia estão integrados);

• Permaneça, ao menos, 15 minutos entregue a essa bênção;

• Respire profundamente;

• Agradeça as bênçãos recebidas;

• Sinta-se inteiramente harmonizado;

• Lave as mãos (preferencialmente até os cotovelos).

O objetivo desta técnica é desenvolver nossa integração com a energia Reiki, assim como, nossa consciência de que após sermos Iniciados nesta maravilhosa arte de amor, transformação e cura, passamos a ser beneficiados por ela, constantemente, independente do que façamos. À medida que desenvolvemos nossa percepção, isso se torna mais consciente.

Notamos que em determinados momentos ela se manifesta, mostrando que estamos necessitando de harmonia. Nestes momentos, basta que permaneçamos alguns instantes entregues à ela para que a harmonia se estabeleça. Termos sentido os benefícios desta técnica será de grande auxílio nestes momentos (mesmo que não tenhamos possibilidade e/ou tempo de realizá-la), basta que nos harmonizemos com ela (imaginado que a estamos realizando) para acessarmos os benefícios.

REIKI USUI
MÉTODO REI-SHUI
NIVEL 3 SHIMPIDEN
3.2 SHIMPIDEN SHIHAN

ORAÇÃO DO MESTRE EM REIKI

Deus, obrigado por me ensinar a cada dia Ser um Mestre em Reiki.

Deus, que hoje eu possa despertar, através do toque de minhas mãos o coração do próximo na Luz Divina.

Jesus Cristo, como Mestre que Sou ensinai-me a humildade dos justos.

Jesus Cristo, que eu seja um ponto de Luz neste planeta como tantos outros guiados por Deus.

Que através dos meus olhos irradie Luz e beleza

Que através da minha boca, as palavras sejam guiadas pelos anjos, enviados por Deus.

Que através das minhas mãos irradie Luz e Paz

Jesus Cristo Faça-me conhecedor de minhas falhas e qualidades e ajuda-me a encontrar o equilíbrio perfeito.

Que a minha fé cresça na pureza e meu coração transborde em amor incondicional.

Jesus Cristo ensina-me a respeitar a vontade do próximo

Jesus cristo ensina-me a equilibrar meu ego, minha vaidade e orgulho.

Deus que eu faça das jóias do Mestrado um mundo melhor.

Que meu caminho seja repleto de sementes para plantar e frutos para colher.

Deus obrigado por viver e Ser Luz nesta vida.

Jesus Cristo obrigado por guiar minha vida. Obrigado, Obrigado e Obrigado.

1. PARTE 1 - INTRODUÇÃO

Segundo Frank Arjava Petter em "Reiki – O legado do Dr. Mikao Usui", o nível de Mestre Iniciador era ensinado a poucos alunos escolhidos pelo professor de Reiki e quando o professor considerasse apropriado, dava ao aluno a permissão para realizar suas próprias reuniões e ter seus próprios alunos com o o título de "SHIHAN", que significa professor e inclui um sentimento de autoridade, uma função de modelo para os outros, de força moral e de sabedoria.

No nível Shinpiden Shihan o Reikiano recebe em suas mãos o Dai Koo Myo Tibetano ou Dumo e o Serpente de Fogo ou Raku e torna-se capaz de transmitir conhecimento e iniciar outros Reikianos.

A partir deste nível, a prática constante de Reiki faz com que uma nova consciência se manifeste, possibilitando ver o universo com novos olhos. O amor incondicional e a compaixão também aumentam, conforte a abertura a eles.

A conexão com o Mestre Interior tonar-se ainda mais consciente e amplia a conexão com os Mestres Espirituais de Reiki que estarão presentes sempre que solicitados, para orientar e assistir no aprendizado e nas iniciações.

É fundamental ao novo Mestre respeitar e considerar o trabalho realizado por todos os Mestres que o antecederam. Lógico que divergências sempre existirão, há várias linhas de ensinamento Reikiano e é impossível unificar todos os entendimentos, mas acima da discordância com o ensinado por outro Mestre, deve vir o respeito. Você pode não concordar, mas jamais deve atacar.

Mais uma vez, a energia, toma novas dimensões, a capacidade de cura (harmonia e equilíbrio em níveis físico, emocional, mental e espiritual) amplifica-se intensamente.

Consequentemente, aumenta a responsabilidade do Iniciado perante os irmãos, a sociedade, o planeta e o universo.

O Mestrado requer extremo cuidado, pois o volume de energia envolvido no processo de cura é muito grande, é importante atentar para uma alimentação saudável e exercícios de desenvolvimento pessoal.

Essa iniciação não obriga ninguém a ensinar, mas sem dúvida é uma dádiva compartilhar o Reiki com os outros e iniciar outros irmãos no caminho Reikiano, não esquecendo que nada é por acaso, se você chegou até aqui é porque há uma missão a cumprir.

Importante destacar que o Mestre Reikiano é apenas uma pessoa capacitada a iniciar outras pessoas, não é milagreiro, deus ou santo. Não pode e nem deve ser tomado como um exemplo do ponto de vista moral, ético ou espiritual.

Devemos lembrar também que uma das características do Reiki é a simplicidade, nada é necessário para que ele atue e após sintonizado com ele, ele estará em sua aura 24h por dia pelo resto de sua vida, ainda que fique muito tempo sem praticar. As técnicas ensinadas nos cursos são mais ferramentas para que o Reikiano possa alcançar determinados benefícios. Em muitos casos serão desnecessárias, devendo sempre seguir, primeiro, a intuição. É útil conhecer o maior número possível de técnicas, mas sem se apegar a elas. Quando sentir que não são mais necessárias, esteja aberto a isso e pemita que a energia siga seu fluxo sem regras ou determinações. Seja apenas canal para a energia passar, não queira determinar o caminho.

Por fim, este curso não representa o final de sua jornada Reiki e, sim, o início do caminho com Mestre Reikiano. Seu aprendizado está apenas começando, tudo o que você ler, ouvir, experimentar sobre Reiki trará novos ensinamentos e nova visão sobre o assunto.

PARTE 2 – SÍMBOLOS

O estudo de Reiki Usui pelos métodos Tradicional Japonês e Essencial ensina apenas 4 símbolos, os estudados até o nível anterior, porém no Usui Tibetano há o acréscimo do Day Koo Myo Tibetano, do Serpente de Fogo e do La Hanna Nai, que estudaremos a seguir.

1- DAY KOO MYO TIBETANO OU DUMO

Ao estudarmos outros sistemas Reiki percebemos que alguns símbolos são usados em vários, mantendo o mesmo nome e traçado. O Day Koo Myo é o único símbolo que varia completamente a forma de traçar conforme muda de sistema, mantendo apenas o nome original.

O Day Koo Myo Tradicional foi ensinado no nível IIIA e agora estudamos o Tibetano, que alguns Mestres da Escola Tradicional afirmam ter sido acrescentado no Reiki Moderno, não sendo uma ferramenta de Reiki Usui.

Sendo, ou não um acréscimo da Escola Moderna ao Reiki, os sistemas Usui, Tibetano e Kahuna utilizam as duas versões em suas Iniciações. Desta forma, todos meus alunos são sintonizados com eles e tem a possibilidade de utilizar a versão com que melhor se harmonizar.

As duas versões funcionam perfeitamente, desde que o praticante seja Iniciado com as mesmas.

Tanto o DAI KOO MYO Tradicional quanto o Tibetano são utilizados em trabalhos de cura, energizações e nas Iniciações.

Alguns mestres e curadores, com longa experiência e com um certo grau de sensibilidade psíquica, afirmam que a versão moderna do símbolo é mais forte, eficaz e flui mais facilmente. Essa afirmação é confirmada por muitos reikianos que receberam as duas versões e os utilizam em suas curas.

Segundo sensitivos que entraram em contato psíquico com curadores do mundo espiritual, a versão tibetana do DAI KOO MYO adapta-se mais às vibrações necessárias para os ensinamentos atuais. O símbolo antigo é mais apropriado às energias de tempos passados.

Evidentemente, que muitas pessoas se adaptarão mais ao símbolo tradicional, mas a grande maioria se harmonizará melhor com a versão tibetana.

Cabe ao praticante experimentá-los e estar aberto para perceber qual símbolo será apropriado para cada caso.

Para traçá-los, siga a ordem indicada a seguir:

Ou

Particularmente prefiro a segunda versão do Dumo, mas cabe ao Reikiano encontrar a que melhor se adapta, se decidir usá-lo, em vez de seguir a linha tradicional que o rejeita.

2 RAKU OU SERPENTE DE FOGO

Oriundo de práticas do Tibete, significa "Restabelecendo o Canal de Energia Vital Cósmica". Representa a "serpente adormecida" enrolada na base da espinha - a Energia Kundalini - e a cada uma das seis curvas do corpo da serpente, correspondem os seis chacras principais superiores, relacionando-se o primeiro chacra (Chacra Básico) com a parte enrolada do símbolo, perfazendo assim, um total de sete vórtices energéticos principais.

O Raku simboliza o Vajra (símbolo de pureza) do Budismo Vajrayana, também conhecido como o caminho de diamante no Tibet.

Vajra é uma palavra do sânscrito, sendo o seu equivalente em tibetano dorje e simboliza a imutabilidade da verdadeira natureza da realidade. É usado nos rituais tântricos, na mão direita, simbolizando o princípio masculino do método (upaya), que preconiza o bem de todos os seres como caminho para a iluminação. Nestes rituais é usada também uma campainha, segurada na mão esquerda, simbolizando o princípio feminino da sabedoria (prajna). Gestos específicos de ambas as mãos, simbolizam a unificação do método e da sabedoria.

"Kathleen Milner" chama-lhe Fire Dragon (Dragão de Fogo). O Serpente de Fogo é também conhecido por Nin-Giz-Zida.

Rompe conexões de energias inferiores. Desbloqueia e equilibra o Chacra Coronário. Limpa o canal Sushuma (ao longo da coluna) e vitaliza os chacras. Promove um efeito "varredura" nos canais elétricos do corpo. Abre o sistema de chacras permitindo assim que a energia Reiki flua na pessoa que recebe a sintonização. Atua nas Iniciações de Reiki. No ambiente queima energias deletérias, formas pensamentos, proporcionando um efeito limpeza. Há terapeutas que o usam para ajudar os seus clientes a serem mais fortes animicamente e mais independentes, harmonizando através do Raku, ligações doentias. Estas são, geralmente, pessoas que apresentam sintomas de estagnação, preguiça ou então, estão completamente bloqueadas em todos os aspectos das suas vidas.

Para sentir um pouco da sua energia, siga lentamente com o olhar o "corpo da serpente" até ao final da espiral e focalize-se no centro da espiral durante alguns segundos. Depois feche os seus olhos, respire fundo e mantenha os olhos cerrados por alguns segundos.

Há duas maneiras de se desenhar o Serpente de Fogo ou Raku, cabendo, novamente, ao Iniciado escolher a que melhor se adapta:

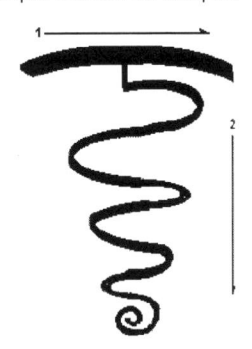

Nesta desenha-se ou visualiza-se o Serpente de Fogo com a linha horizontal sobre a cabeça, a linha ondulada a descer e alinhar os seis chacras superiores e a espiral a enrolar no chacra da raiz.

3 LA HANNA NAI

Significa "Adentrando ou Acessando os Registros Akásicos". É um poderoso símbolo tibetano, porém, não é um símbolo do Reiki, sendo repassado no curso apenas para informação.

Permite entrar nos registros ancestrais da energia de sentimentos, pensamentos, ações, experiências, conhecimentos ou quaisquer outras informações.

Acredita-se ser esse o símbolo que Mikao Usui usou na sua meditação no Monte Kurama, para acessar o conhecimento do Reiki.

Não é necessário que alguém o sintonize com ele, você deve entrar em sintonia com ele. No momento em que você conseguir sintonizar-se com a freqüência dele, através da meditação, será possível acessar os arquivos akáshicos.

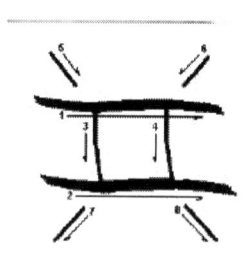

3.1 Meditação com o La Hanna Nai

Você pode realizar uma Iniciação em qualquer lugar, numa mata, em um templo, na mesa de jantar e, até mesmo na rua. Ela é igualmente eficiente, pois a intenção do Mestre em transmití-la e do aluno em recebê-la é o mais importante.

Porém, a Iniciação é uma cerimônia sagrada, que marca o final de um ciclo e o início de outro. É uma dádiva que transforma de forma irreversível a jornada do aluno. Ele passa a ser um Canal de Luz e, por isto, tanto o Mestre quanto o ambiente em que será realizada a Iniciação devem estar harmonizados e com o padrão vibratório elevado.

Isso poderá tornar-se possível com a utilização do símbolo LA HANNA NAI.

• Sente-se confortavelmente, faça sete respirações lentas e profundas, visualizando o símbolo CHOKU REI à sua frente, na altura do Chacra Frontal.

• Cada vez que respirar sinta-se absorver o CHOKU REI e quando expirar sinta que está soltando qualquer emoção, sensação ou sentimento indesejável para o momento (sinta-os sendo eliminados).

• Após esse processo visualize o símbolo LA HANNA NAI acima de sua cabeça, estabeleça a conexão que deseja no momento, ou seja, a orientação, proteção e assistência dos Mestres para a iniciação.

• Agora, visualize o símbolo SERPENTE DE FOGO na sua nuca, descendo até a base da coluna, faça três respirações profundas.

Essa meditação também pode ser utilizada diariamente como um método desvinculado do processo de iniciação.

PARTE 3 – PRÁTICA
1 INICIAÇÃO DE CURA

A Iniciação de Cura é uma bênção que só pode ser transmitida por Mestres Iniciadores e com o propósito de curar e não habilitará a pessoa a ser um terapeuta Reiki. Permite que a pessoa receba a fortíssima energia de cura gerada pelo processo de Iniciação, ou seja, energias curativas de alta freqüência, que atuarão constantemente em benefício do receptor.

É recomendada, principalmente, em doenças terminais ou processos de desequilíbrio emocional e mental antigos, também é muito benéfica no tratamento de drogas, álcool e outras dependências.

Pode ser feita em qualquer pessoa, não havendo uma condição prévia para receber essa Iniciação, em mais de um receptor por vez, em silêncio e com os olhos do receptor fechados.

O motivo dessa sintonização não iniciar o receptor é que os símbolos não são colocados em suas mãos. Se feita antes de uma cirurgia psíquica, ou de um tratamento convencional de Reiki, fará com que o tratamento seja mais eficaz, "abrindo" a aura e criando um estado mais receptivo. Será altamente eficaz na remoção de energias negativas da pessoa, estas serão removidas do corpo psíquico, aura e chacras, liberando os bloqueios energéticos existentes.

Faça com que o receptor concentre-se no bloqueio, ou no problema, com a intenção de liberá-lo e sarar durante esse processo. Às vezes, há uma meta que o receptor tem dificuldade em alcançar e é provável que haja algo que precisa ser curado antes, para ele alcançar sua meta. Pode haver sentimentos e pensamentos negativos inconscientes sobre sua meta que estão gerando bloqueios, como o medo de falhar.

Esses bloqueios podem ser identificados e liberados durante a Iniciação de Cura. Mas é necessário a vontade de querer liberar as atitudes mentais e emocionais negativas inconscientes que impedem a cura. Essas atitudes podem ser identificadas durante essa iniciação.

O receptor deve sentar-se numa cadeira ereta, sem sapatos, podendo ficar de meias. Suas mãos permanecerão relaxadas sobre as coxas (palmas para cima). Os olhos devem permanecer fechados durante todo o processo. É muito importante que o receptor tente identificar e localizar a área ou o problema que quer sanar.

1.1 PROCEDIMENTO DE TRANSMISSÃO DA INICIAÇÃO DE CURA

1a. Parte

• Coloque-se atrás do receptor

• Ative o símbolo SERPENTE DE FOGO nas costas do receptor, começando pelo topo da cabeça e descendo espiralando até a base da coluna

• Coloque ambas as mãos no topo da cabeça do receptor, feche os olhos, concentrando-se para conseguir harmonia energética com o receptor

• Visualiza uma grande energia violeta por cima da cabeça;

• Traz essa energia para dentro do teu corpo, ao inspirar, descendo pela frente do corpo, indo do chakra da coroa à raiz;

• Visualiza a energia a subir pelas costas, novamente até ao topo da cabeça;

• Coloca a língua no palato e contrai o períneo, onde está localizado o ponto hui yin;

• Visualiza dentro da tua boca o Dai Koo Myo, dizendo interiormente o seu mantra três vezes;

• Quando sentires o símbolo bem cheio dessa energia, assopre no Chacra Coronário do receptor, visualizando o símbolo saindo com o sopro e entrando no Chacra Coronário do receptor

• Conduza a energia tocando com a mão dominante o topo da cabeça, a têmpora e as costas na altura do coração do receptor (nas sintonizações de reikianos os símbolos são conduzidos a base do cérebro), recitando seu mantra, enquanto induz a energia

• Trace o símbolo DAI KOO MYO (Trd) sobre o Chacra Coronário do receptor, conduza a energia tocando o topo da cabeça, têmpora e costas na altura do coração, recitando seu mantra, enquanto induz a energia

• Proceda da mesma forma com os símbolos CHOKU REI, SEI HE KI e HON SHA ZE SHO NEN (nesta ordem)

2a. Parte

• Vá para a frente do receptor e desenhe o DAÍ KOO MYO (Tib) sobre o Chacra Coronário dele e conduza a energia tocando suavemente a região de seus Chacras Frontal, Cardíaco e Plexo Solar enquanto recita seu mantra. Dê gentilmente três toques no topo da cabeça do receptor

• Proceda da mesma forma com os símbolos DAÍ KOO MYO (Trd), CHOKU REI, SEI HE KI e HON SHA ZE SHO NEN (nessa ordem)

Após visualizar todos os símbolos (estando na frente do receptor, com os braços ligeiramente abertos, palmas voltadas para ele), respire profundamente e exale levando a energia dos pés do receptor para a cabeça, da cabeça para os pés e novamente para a cabeça, soltando todo o ar. (O sopro é feito de forma suave e contínua, enquanto assopra, use suas mãos para guiar a energia, colocando uma forte intenção no último sopro, para limpar todas as energias negativas do corpo e do campo áurico do receptor).

3a. Parte

• Coloque-se atrás do receptor, descanse suas mãos nos ombros dele, olhe sobre seu Chacra Coronário e visualize uma luz dourada pulsando na altura do coração do receptor (a luz pode ser de outra cor conforme sua sensibilidade no momento), faça uma afirmação positiva, como: "Fulano de tal, você está em total harmonia com a Perfeição Divina. Seu corpo é saudável e cheio de energia positiva".

• Na altura do coração do receptor, nas costas, visualize uma porta se abrindo no Chacra Cardíaco e desenhe o CHOKU REI, introduzindo-o através dela recitando seu mantra. Visualize a porta se fechando com o símbolo dentro

• Sele o processo com uma afirmação, como por exemplo: "Eu, selo perfeitamente esse processo de iniciação de cura, que foi feito por mim, fulano de tal, Mestre em Reiki, com amor divino e sabedoria"

• Coloque suas mãos nos ombros do receptor e sinta que ambos são abençoados

• Agradeça ao Deus de sua devoção, Hierarquias Cósmicas, Hierarquias do Reiki e demais Seres de Luz que se fizeram presentes orientando, assistindo e protegendo durante essa Iniciação de Cura do método Reiki.

4a. Parte

• Volte para a frente do receptor, abra ligeiramente suas mãos na altura da cintura com as palmas voltadas na direção do mesmo

• Inspire e segure a respiração brevemente, daí, expire, soprando. Tenha a intenção de que a energia que esta sendo liberada sirva como benção para o receptor.

• Peça ao receptor para respirar profunda e lentamente e que abrir os olhos

Use sua intuição, se houver necessidade faça em seguida uma cirurgia psíquica ou um tratamento padrão de Reiki.

Utilize a cirurgia psíquica somente quando for, realmente, guiado pelos seus mentores. Além de não fazer parte do Reiki Tradicional, é uma técnica kahuna que necessita muitos cuidados e muita experiência para não prejudicar nem a você nem o cliente.

PARTE 4 – REIJU E DENJU
1 DEFINIÇÃO

Pela definição de Eduardo F Fonseca, o Shihan pode transmitir ao aluno uma sintonização ligando-o permanentemente à energia do Reiki, no caso um Denju 伝授 ou um empoderamento ajudando a fortalecer a ligação do praticante com a fonte de energia e elevação da consciência, no caso um Reiju 霊授.

Especialmente no Ocidente, há constantemente confusão entre o Reiju (fortalecimento) e o Denju (iniciação), talvez por serem ambos aplicados exclusivamente por Shihans, mas são práticas diferentes.[54]

Reiju significa literalmente "conceder a alma" no sentido de "entregar, dar, conferir, partilhar, instruir, abençoar..." Ou, ainda, "receber, aceitar". Analisando seu amplo sentido, o conceito consiste em "dar e receber" e-ou "antes de receber deve cortar, esvaziar, abrir".

Tradicionalmente os alunos de Mikao Usui recebiam Reiju nos encontros regulares chamados Reiju Kai, onde se fazia recitações dos poemas do Imperador Meiji e do Gokai, treinava algumas técnicas e se trocava experiências.

Há quem associe a prática à transmissão das 5 bençãos: Fé, Zelo, Plena Atenção, Meditação e Sabedoria.

É um método para desenvolvimento do potencial espiritual, fortalecimento da ligação do praticante com a fonte de energia Reiki e elevação da consciência. É polimento do ser interior. Traz grandes benefícios, é a alma do Reiki original e pode ser executado apenas por Shihan. Pode ser realizado, também, com uma determinada intenção, ajudando o praticante a alcançar o que pretende, para o seu Bem Supremo.

Somente pode ser feito à distância.

Denju é a iniciação ou sintonização, o procedimento ou ritual energético que habilita o Reikiano a aplicar a técnica.

Como qualquer outro Ritual, a sintonização é um processo. Você pode modificar para adequar às suas necessidades. As sintonizações de Usui têm sido modificadas por muitas pessoas que lhe adicionaram símbolos, retiraram partes, adicionaram partes e toda sorte de outras coisas.

O pequeno e sujo segredo do Reiki é de qualquer sintonização funcionará. Há variações, processos curtos, longos, tradicionais, sintonizações de Mestre único, e muitas

---

[54] Creio que dessa confusão entre Reiju e Denju vem a idéia de vários Mestres de que a iniciação somente pode ser feita presencialmente.

outras. Todas são Reiki e todas funcionarão. Todas despertam em nós aquele feiticeiro que havíamos esquecido.

Faça com que o ritual funcione para você e seus alunos. Apenas não faça o que quer que seja como uma distração.

No momento em que invocamos as Hierarquias do Reiki, o Deus de nossa devoção, Seres de Luz que nos assistem, etc... entregamos à eles a Iniciação. Passamos então a ser apenas canais para que ela se manifeste. Somos orientados e assistidos por eles.

Se cometermos algum engano, será corrigido. É necessária apenas a intenção do Mestre de transmiti-la e a do aluno de recebê-la. Devemos, porém, compreendê-la e fazermos o melhor.

A única parte realmente importante e indispensável da sintonização é o cruzamento da intenção de iniciar com a de ser iniciado. Nesse instante é feita a iniciação pela egrégora Reiki

2 COMO EXECUTAR O REIJU (Reijiu)

Sempre aplicada presencialmente e apenas para Reikianos como forma de intensificar a energia.

Pode ser feita logo após a iniciação em cada nível ou em encontros especiais para reciclagem, treino de prática e fortalecimento da iniciação.

Peça ao receptor para sentar-se numa cadeira, fechar os olhos, colocar as mãos em posição Gassho e relaxar.

1 Fique de frente para o receptor, na posição Gassho e curve-se em cumprimento.

2 Levante as mãos ao alto, braços esticados, mãos abertas e dedos apontando para o alto, tornando-se um Símbolo de Luz (Hikari) e conecte-se com a energia Reiki. Espere a conexão.

3 Quando sentir a energia, coloque suas mãos abertas (dedos unidos e esticados, com os indicadores se tocando e os polegares colados às mãos), sobre a cabeça do receptor a uma altura entre 20 e 30 cm, e desça as mãos paralelas em um movimento contínuo, seguindo a linha central do corpo, "ligando-o" com a energia Reiki irradiada pelas pontas dos dedos, até chegar na base da espinha. Nesse ponto, suas mãos estarão perto dos joelhos do receptor.

4 Separe suas mãos e, com as palmas para baixo, mova-as aos lado dos joelhos numa linha horizontal paralela ao chão e daí para baixo, para o chão, aterrando a energia sem tocar no solo.

5 Coloque uma mão sobre a outra (não importa qual fique por baixo) e irradie a energia Reiki sobre o alto da cabeça do receptor.

6 Leve suas mãos para a lateral direita e esquerda da cabeça, na altura da testa, "sanduichando" a cabeça do receptor e emane energia Reiki para as têmporas.

7 Leve suas mãos à frente da face do receptor e faça um triângulo com seu dedo indicador e as pontas dos polegares, com os outros dedos abertos.[55] Mantenha o centro do triângulo na frente do terceiro olho do recebedor.

8 Coloque as mãos do receptor em forma de prece, segure-as com ambas as mãos e emane Reiki. Na mesma posição, dirija (aponte) as pontas dos dedos para o chakra cardíaco e depois para o chakra laríngeo.

9 Coloque suas mãos abertas como livro (com as palmas viradas para baixo, dedos unidos e esticados, com os indicadores se tocando e os polegares colados às mãos), a uma altura entre 10 a 20 cm, acima das pontas dos dedos do receptor e desça-as até os joelhos do receptor (com os braços esticados) e, nesse ponto, as separe percorrendo uma linha horizontal e desça-as ao chão, juntando-as em concha. Mantendo os dedos mínimos unidos, suba as mão em direção ao céu, como se estivesse cavando de baixo para cima, elevando as mãos cheias de energia ao céu para devolve-la ao universo pelo caminho que abriu anteriormente. Quando suas mãos alcançarem o ponto mais alto, abra os braços liberando o contato entre os dedos mínimos, terminando o movimento.

10 Retorne à posição Gassho, cumprimente e conclua.

Nos procedimentos de 4 a 7, em cada um, conte até dez lentamente.

Nos procedimentos 4, 5 e 7, suas mãos podem tocar levemente o receptor ou pairar sobre ele.

No procedimento 6, as mãos devem ser mantidas a uma curta distância do receptor.

A técnica Hatsurei-Ho pode ser aplicada antes de aplicar Reiki, Reiju e iniciação, como uma preparação, aumentando a força das técnicas e melhorando o resultado.

3 COMO INICIAR

3.1 PRESENCIALMENTE

Há muitos métodos de sintonização. Algumas mudanças aconteceram pelas pessoas lembrarem diferentemente do processo. Outras vieram porque pessoas trocaram ou modificaram o ritual da sintonização para se adequar às necessidades suas ou de seus alunos.

A que segue é uma das sintonizações que aprendi com meus Mestres, já adaptada ao modo como uso, mas nada impede que você aprenda outras formas de iniciar e passe a praticar a que melhor se adapta a sua realidade ou crie o seu próprio método, adaptando e compilando vários métodos aprendidos.

---

[55] Esse é o Mudra do Sol.

Seja como for, não há erro, pois os Mestres Espirituais corrigem o que for necessário e completam o que faltar (nós somos apenas instrumentos para a iniciação, ela é realizada, na verdade, pelos Mestres Espirituais).

Começo – preparação do ambiente e do iniciador[56]

Trace o CKR (com seu mantra) nos 4 cantos do Cômodo e faça uma prece de proteção para o ambiente, silenciosa ou em voz alta, que pode ser:

"Que se feche uma corrente de Luz em torno deste espaço e que a partir deste momento somente Seres de Luz possam estar aqui. Todos aqueles que para aqui se dirigirem serão acolhidos com muito amor, porém aqui só a Luz deve ser mantida. Paz em todos os quadrantes, paz em nossos corações".

Faça a Meditação com o La Hanna Nai.

Peça auxílio à Fonte Reiki para realizar a sintonização perfeita para esta pessoa. Se você crê em guias espirituais, Guias Reiki, Anjos, Mestres Ascencionados, etc., você pode pedir para que o assistam para que seja a sintonização perfeita para o bem maior daquela pessoa. E aos Mestres Espirituais em Reiki para que acompanhem e iniciem o Reikiano através de você.

Peça ao seu Anjo de Guarda que permita a você se tornar um canal para iniciação do Reikiano e ao Anjo de Guarda do iniciado que permita a você que faça a iniciação, depositando os símbolos necessários na aura.

Trace os símbolos DKM[57] e CKR (com seus respectivos mantras) nas palmas das mãos

Trace um grande DKM (com seu respectivo mantra) à frente de seu corpo

Trace o símbolo CKR (com seu respectivo mantra) à frente de seu corpo

Trace o símbolo CKR (com seu respectivo mantra) em cada um dos sete chacras, de baixo para cima

Eleve o padrão vibratório do ambiente traçando os símbolos LA HANNA NAI, SERPENTE DE FOGO, DAI KOO MYO, HSZSN, SHK e CKR (com seus respectivos mantras) nessa ordem, com a intenção de que a energia preencha a sala

Parte 1 – início do procedimento

Nas costas, desenhe o Cho Ku Rei da região um pouco acima da cabeça até abaixo nas costas do aluno, terminando na base da coluna. Coloque ambas as mãos no topo da cabeça, para se harmonizar energeticamente com o aluno.

---
[56] A preparação pode ser feita antes de começar o curso e no momento da iniciação fazer um reforço da proteção do ambiente, ativar a energia e começar pela Parte 1
[57] Sempre que pedir para traçar o DKM é aquele que você preferir, Tradicional ou Tibetano

Respire, sopre o Dai koo Mio em dourado dentro do chakra da coroa, enquanto mantra seu nome 3 vezes, e mova-o através da cabeça do aluno, até a base do cérebro, guiando-o com sua mão.

Faça o mesmo com o Sei He Ki, Hon Sha Ze Sho Nen e Cho Ku Rei, sempre mantrando o nome dos símbolos.

Parte 2 – depósito do símbolo no chacra coronário

Avise ao aluno para posicionar suas mãos em prece acima da cabeça (no coronário).

Desenhe o CKR no ar sobre as mãos do iniciado, mantrando 3 vezes seu nome. Então, imagine o símbolo movendo-se por dentro das mãos do iniciado, para dentro do Chakra coronário[58], do topo da cabeça até a base do cérebro, guiando-o com sua mão, enquanto novamente repete 3 vezes seu mantra. (Substitua o CKR pelo SHK e o HSZSN para o nível II, pelo DKM Trd para o 3A e pelo DKM Tib mais Raku para o nível IIIB).

Parte 3 – depósito do símbolo no chacra frontal

Vá até a frente e coloque as mãos em prece do aluno em frente a seu coração (no chacra cardíaco).

Desenhe o CKR no ar em frente ao meio da testa (chacra frontal ou chakra da terceira visão), mantrando seu nome 3 vezes.

Então, imagine o Símbolo movendo-se para dentro do chakra (guie-o com a mão, se quiser) enquanto novamente mantra seu nome por três vezes.

(Substitua o CKR pelos símbolos 2 e 3 para o 2º. Nível, pelo DKM Tradicional para o 3A e pelo DKM Tibetano mais o Raku para o 3B).

Parte 4 – depósito do símbolo no chacra laríngeo

Desenhe o CKR no ar em frente à garganta (chacra laríngeo, mantrando seu nome 3 vezes.[59]

Então, imagine o Símbolo movendo-se para dentro do chakra (guie-o com a mão, se quiser) enquanto novamente mantra seu nome por três vezes.

(Substitua o CKR pelos símbolos 2 e 3 para o 2º. Nível, pelo DKM Tradicional para o 3A e pelo DKM Tibetano mais o Raku para o 3B).

Parte 5 – depósito do símbolo no chacra cardíaco

Desenhe o CKR no ar em frente ao chakra cardíaco, enquanto mantra seu nome 3

---

[58] É como se as mãos do iniciado fosse uma antena captando e puxando o símbolo
[59] O iniciado permanece com as mãos em frente ao cardíaco

vezes. [60]

Então, imagine o Símbolo movendo-se para dentro do chakra, enquanto novamente repete o nome do símbolo por três vezes. (Substitua o CKR pelos símbolos 2 e 3 para o 2º. Nível, pelo DKM Tradicional para o 3A e pelo DKM Tibetano mais o Raku para o 3B).

Parte 6 – depósito nos chacras das mãos

A seguir, abra as mãos do aluno como a capa de um livro, de forma que fiquem com as palmas próximas uma da outra, viradas para cima.

Coloque sua mão esquerda sob suas mãos e com sua mão direita desenhe o CKR na palma das mãos, mantrando seu nome por 3 vezes. Então, dê três tapinhas nas mãos (
Para os níveis II a IIIB use os respectivos símbolos).

Parte 7 – finalizando a iniciação

Traga as mãos do aluno de volta para a frente do coração dele e as coloque em forma de prece.

Sopre sobre as mãos do aluno, abaixo no Plexo Solar, no Terceiro Olho, no Coronário, e de volta sobre as mãos.

Vá para as costas do aluno.

Coloque suas mãos sobre a cabeça do aluno.

Use uma afirmação positiva e repita-a mentalmente por três vezes, com a intenção de que seja aceita pelo aluno. (Alguns exemplos podem ser: "Você está perfeitamente sintonizado", "Você é um curador Reiki competente", ou "Você está preenchido com Amor e Sabedoria Divinos", ou qualquer outra afirmação que seja significativa para você ou para o aluno.

Pode dizê-la em voz alta, se preferir.

Abra suas mãos e olhe para baixo como olhando para dentro do chacra coronário.

Visualize que a Fonte de Reiki (o Cosmos) envia uma bola de luz que entra pelo coronário e preenche todos os chakras.

Coloque a mão direita no topo da cabeça e a esquerda na base do crânio do aluno.

Visualize uma porta, e então desenhe o CKR nela e veja a porta sendo fechada.

Diga para si mesmo: "Selo esta sintonização com Amor e Sabedoria Divinos", tenha a intenção de que o processo esteja selado e completo e que o aluno esteja para sempre conectado diretamente à Fonte de Reiki.

Diga em voz alta "Você agora está conectado à Fonte de Reiki para sempre."

Coloque suas mãos brevemente nos ombros do aluno, experenciando este momento

---

[60] O iniciado permanece com as mãos em prece em frente ao cardíaco

com ele.

Diga: "Ambos fomos abençoados por essa sintonização".

Retorne à frente do aluno.

Abra as palmas de suas mãos em direção a ele.

Visualize uma névoa branca rodeando-os. Inspire e sinta-se preenchido com esta névoa branca de Reiki.

Sopre essa névoa para o aluno, permitindo que essa energia final da sintonização abençoe o aluno.

Diga: "A sintonização está completa."

Lave suas mãos para garantir que tenha sido desfeita a conexão energética com o aluno.

3.2 REALIZANDO INICIAÇÃO À DISTÂNCIA

Pessoas que moram em lugares onde não há um Mestre habilitado e estão impossibilitadas de participarem de um seminário presencial estão sendo beneficiadas com as "Iniciações à Distância". E os seminários "on line" não deixam nada a desejar aos seminários presenciais. Todas as informações são passadas, amorosamente, e os Mestres, dedicados, estão sempre disponíveis a qualquer dúvida, o aluno poderá sempre contatá-lo.

Você pode estar pensando: "Mas Mikao Usui não falou na possibilidade de Iniciações à distância!". Porém, ele também não falou que elas não são possíveis. Apenas em sua época não havia necessidade e os meios de comunicação não eram tão avançados como os de hoje.

O aprendizado de Reiki não se limita à Iniciação.

Hoje, podemos dar um curso "on line" onde todas as dúvidas são esclarecidas, e o aluno fica habilitado a fazer uso desta energia e obter todos os benefícios que ela possibilita.

"Mas é necessária a presença de um Mestre durante a Iniciação!". Sim, e na "Iniciação à Distância" ele está presente. Há o Mestre e o Iniciado, que estão conectados energeticamente.

Tempo/espaço são inexistentes, é assim no "tratamento à distância", como também na "Iniciação à Distância". Sem contar que o Mestre Reiki que irá transmitir a Iniciação é apenas o canal para que ela se manifeste, pois a maior parte desta dádiva é transmitida pelos Mestes Espirituais.

"Mas será que em um seminário "on line" serão passadas todas as informações necessárias? Como terei certeza que o Mestre que escolhi me dará suporte após o seminário?"

Você correrá o mesmo risco que corre em um seminário presencial com um Mestre de outra cidade, tudo vai depender da escolha que fará do Mestre. Você é responsável por suas escolhas.

Eu acredito nas "Iniciações à Distância" e sei da possibilidade delas pois já estive nos "dois lados do balcão". Eu experienciei a Iniciação à Distância como receptora e iniciadora. Por isso afirmo: ela é uma realidade e uma maravilhosa ferramenta para que o Reiki alcance o maior número de pessoas que estejam abertas à recebê-la.

Porém, não acredite em mim, reflita, permita que a energia mostre-lhe o fluxo, experiencie. E lembre-se, a limitação está em nossa mente.

"Devemos resgatar a inocência de uma criança para a qual o simples gesto de erguer um dedo irá tocar a mais distante estrela".

3.2.1 Procedimentos para sintonizações à distância

Combine um horário com a pessoa que receberá para que ambos entrem em conexão ao mesmo tempo.

Confie na fonte divina e a sintonização será feita, pois, como no caso presencial, não há como errar.

É comum o Iniciado perguntar o que deve fazer durante o Ritual. A resposta exata é: nada! Porque tudo é feito a nível espiritual, sem intervenção do Iniciado, porém, para que se estabeleça um vínculo entre Mestre e Aluno e este melhor se concentre e entregue ao ritual podemos sugerir algumas ações:

- Não tomar bebida alcoólica nem comer carne vermelha no dia da iniciação ou 24 hs antes.
- Deitar e relaxar poucos minutos antes da hora marcada.
- Solicitar ao seu Anjo Guardião que permita a iniciação e aos Protetores de sua crença que protejam e acompanhem o ritual.
- Acender incensos ou velas, usar cristais ou outras ferramentas depende da vontade e crença do Iniciado e do Mestre

3.2.1.1 Método Simplificado

O mais usado por mim, a não ser em casos em que sinto a comunicação mais difícil, quando uso a tradicional.

Limpe o ambiente desenhando todos os símbolos de Reiki Usui no ar, na sua frente, repetindo seus nomes 3 vezes com intenção de limpar o local de todas as energias negativas ou dissonantes.

Trace o CKR em cada canto do cômodo (com intenção de proteger o ambiente, impedindo a entrada de energias negativas), faça a oração já ensinada para proteção ambiental.

Peça aos Seres de sua crença que participem do procedimento e dêem a proteção necessária.

Peça ao seu Mentor Espiritual (Anjo da Guarda) que permita a você se tornar instrumento para a iniciação da pessoa (dizer nome) e ao Mentor Espiritual do iniciado que lhe permita inicia-lo.

Declare claramente sua intenção de sintonizar a pessoa, dizendo seu nome completo e em qual nível.

Peça aos Mestres Reikianos de sua Egrégora que executem a iniciação através de você.

Desenhe o DKM e o CKR em ambas as mãos e HSZSN seguido do DKM no ar.

Visualize o símbolo a ser iniciado sendo depositado nos chacras coronário, frontal e cardíaco do Iniciado e, ao final, declare que a pessoa está iniciada e o ritual terminado.[61]

3.2.1.2 Método Completo

Limpe o ambiente desenhando todos os símbolos de Reiki Usui no ar, na sua frente, repetindo seus nomes 3 vezes com intenção de limpar o local de todas as energias negativas ou dissonantes.

Trace o CKR em cada canto do cômodo (com intenção de proteger o ambiente, impedindo a entrada de energias negativas), faça a oração já ensinada para proteção ambiental.

Peça aos Seres de sua crença que participem do procedimento e dêem a proteção necessária.

Peça ao seu Mentor Espiritual (Anjo da Guarda) que permita a você se tornar instrumento para a iniciação da pessoa (dizer nome) e ao Mentor Espiritual do iniciado que lhe permita inicia-lo.

Declare claramente sua intenção dizendo seu nome completo e em qual nível.

Peça aos Mestres Reikianos de sua Egrégora que executem a iniciação através de você.

Visualize o aluno a sua frente e mentalize fazendo a iniciação como se ele estivesse presente.

---

[61] O DKM, seja tradicional ou tibetano, deve ser colocado também nos chacras das mãos do iniciado

3.2.1.3 Programação futura e iniciação retroativa.

Caso você agende a iniciação à distância, mas surja algum imprevisto, pode fazer a programação para o tempo futuro.

Pode usar a programação, também, para iniciar de forma coletiva e sem tempo determinado.

Para isso é só usar o modelo da iniciação em áudio enviada a você.

Ela é para iniciação coletiva e sem tempo determinado, mas você pode trocar o "qualquer um que ouvir..." pelo nome completo de seu aluno e "em qualquer tempo e lugar" para a data e hora agendada da iniciação.

Caso tenha acontecido um imprevisto sem ter dado tempo de programar, você pode fazer a iniciação retroativa, declarando a intenção de iniciar no tempo passado, dia e hora agendada.

4 OBSERVAÇÕES SOBRE SINTONIZAÇÕES

A seguir algumas anotações sobre sintonizações sem uma ordem definida:

- Todas as sintonizações são únicas. São individuais. Às vezes, você terá intuições de fazer uma coisa ou outra que podem não estar no "esquema". Confie em sua intuição e as faça.
- Você pode sintonizar todos os chakras incluindo os pés[62] ao realizar sintonizações, não apenas os superiores e as mãos. O efeito pode ser um pouco demais para algumas pessoas, portanto, seja criterioso.
- Você pode colocar os símbolos/energia diretamente na aura/campo etérico da pessoa, assim como coloca nos chakras. Visualize os símbolos no campo energético e traga a energia Reiki para o campo.
- Se você perceber bloqueios, coloque as pontas dos dedos da pessoa contra suas palmas e envie a energia direto para o coração, ou sopre da palma para o coração, para abrir o canal.
- Use o símbolo Raku após a sintonização para se "desconectar" da outra pessoa, ou assegure-se de "mentalmente" se desconectar dela através da intenção.
- Lembre-se que a intenção é a chave para uma "sintonização perfeita". Você é apenas um canal, a fonte realiza as sintonias, portanto, você não pode se atrapalhar. O esquecimento de um passo ou ação não vai importar. A Fonte Reiki se assegurará de que seja certo e verdadeiro, e confie que será.
- Quando terminar uma sintonização, você se sentirá exultante. Não deve se sentir

---

[62] Para iniciar os pés curve-se ou ajoelhe-se e desenhe os símbolos em ambos os pés ao mesmo tempo. Isto pode ajudar a aterrar a pessoa.

exaurido. Assegure-se de se separar de todas as expectativas. Realize as sintonizações com a intenção de que a pessoa fique perfeitamente sintonizada com o Reiki. Deixe o Reiki fazer o trabalho. Não se esforce, nem tente colocar sua própria energia no processo. Não use a sua energia, deixe o Reiki fazer o serviço.

- A maneira mais fácil para realizar uma sintonização é o aluno se sentar em uma cadeira com os pés no chão. Faça os alunos unirem suas mãos em prece na altura do peito (posição namaste ou Gassho), e diga a eles ou mostre-lhes onde você os tocará e o que fará com suas mãos.

- Você pode fazer as sintonizações sem os símbolos. Apenas tente isto se você tiver experiência suficiente com a energia e com sintonizações. A sintonização de nível I da Alliance é feita sem símbolos.

- Não use a própria energia. Fazemos isso quando temos expectativa de resultados. Se nos preocupamos se estamos fazendo "certo", quando tememos e nos preocupamos de que não vá funcionar, que as pessoas fiquem desapontadas com o resultado, estamos presos a resultados. Pessoas que querem garantir de que a sintonização "funcione" estão mais sujeitas a que a sua energia seja drenada. Esse impulso de energia não é Reiki, é sua própria energia. Você pode se exaurir procedendo assim. Não esperar resultados significa ter a intenção de passar a sintonização, e então, manter-se completamente consciente enquanto realiza o processo. Permaneça-se totalmente focalizado no que está fazendo, momento a momento.

- Não se preocupe se você ou o iniciado dormirem durante a iniciação, especialmente na modalidade à distância. Ela ocorrerá independente da vontade de ambos e é comum que os Mestres Espirituais "desliguem" as partes que estiverem agitadas, ansiosas ou com pensamentos que possam interferir no processo.

- Lembre-se de sempre orientar sobre os 21 dias[63] após a Iniciação e respeitar o período antes da próxima sintonização. Alguns Mestres iniciam vários níveis no mesmo dia ou em período menor, porém, a carga energética recebida pelo iniciado é muito grande e os 21 dias que seguem podem ser insuportáveis.

---

[63] Lembrando que os 21 dias pós iniciação são apenas o período que, automaticamente, segue de reequilíbrio energético de cada chacra – 3 dias para cada chacra = 21 dias. A autoaplicação é indicada apenas para suportar a catarse do período, não é condição para iniciação nem sua continuação. Se o aluno pular algum dia, portanto, não precisa e não adianta reiniciar a aplicação do começo, deve manter a sequência até dar 21 dias. A iniciação é um procedimento único em si, não depende de mais nada para ter validade, logo após a iniciação o aluno já pode fazer autoaplicação e aplicação em outras pessoas (aliás é o que eu sempre faço em iniciações presenciais para que os alunos treinem a energia e sintam o aplicar e receber).

Sobre a Autora

Servidora pública municipal, entrou na área Holistica em 2007 quando começou a estudar Reiki Usui pelo Projeto Luz e daí somou diversas formações.

Graduada em Direito

Graduanda em Tecnologia em Práticas Integrativas Complementares

Pós graduanda em Práticas Integrativas Complementares

Pós graduada em Terapia Cognitiva Comportamental, Fitoterapia, Neurolinguística e Gestão de Qualidade, Meio Ambiente, Segurança e Saúde do Trabalho

Terapeuta Xamânica

Consteladora Familiar

Mestre em diversos Sistemas Reiki e outros de cura energética

Operadora Mesas Radionicas RP, Espiritual Quântica e outras

Canalizadora das Mesas Radionicas Wiccan, Energias da Natureza, Kwan Yin, Miguel Arcanjo, Fraternidade Branca, Mandala Quantica da Abundância e Xamânicas Ma'heo'o e Grande Espírito

Canalizadora do Sistema de Cura Ativações de Luz e Reiki das Matas

Criadora do Oráculo Terapêutico Ativações da Luz em conjunto com Ana Rodrigues

Criadora do Método Reiki Usui Rei Shui

Palestrante em eventos como Mystic Fair, Mercado Mistico, Convenção das Bruxas, etc

Responsável técnica por Equilibre-se Cursos e Terapias e Ge Moreira Jorge Cursos e Tratamentos Holísticos

Registros Nacionais: Abrath, Abrad e SLTM. Registros Internacionais: MTR, ITR e WTO.

ANEXO

Treino de Pêndulo

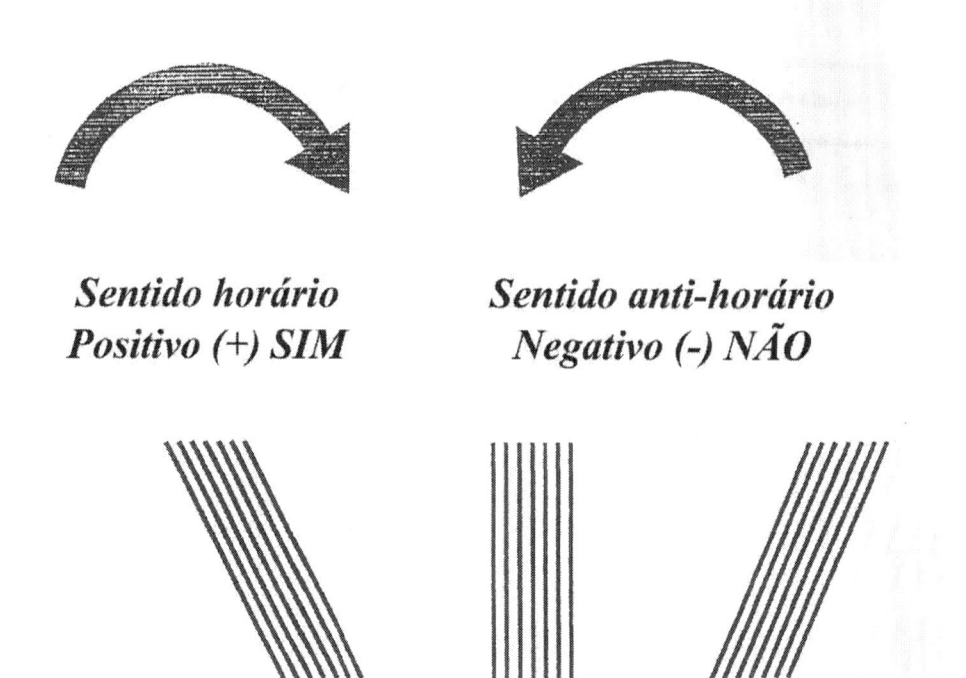

Sentido horário
Positivo (+) SIM

Sentido anti-horário
Negativo (-) NÃO

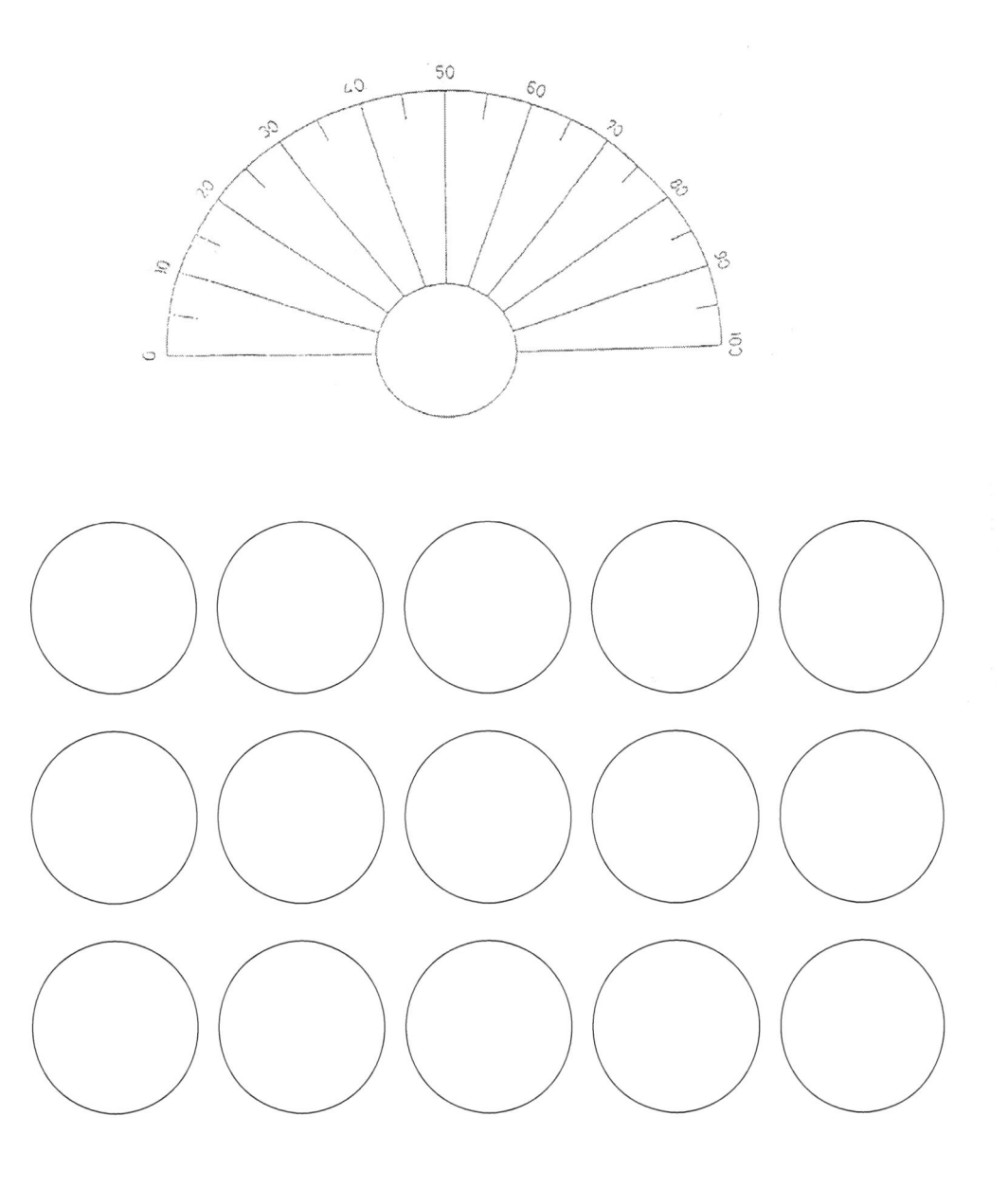

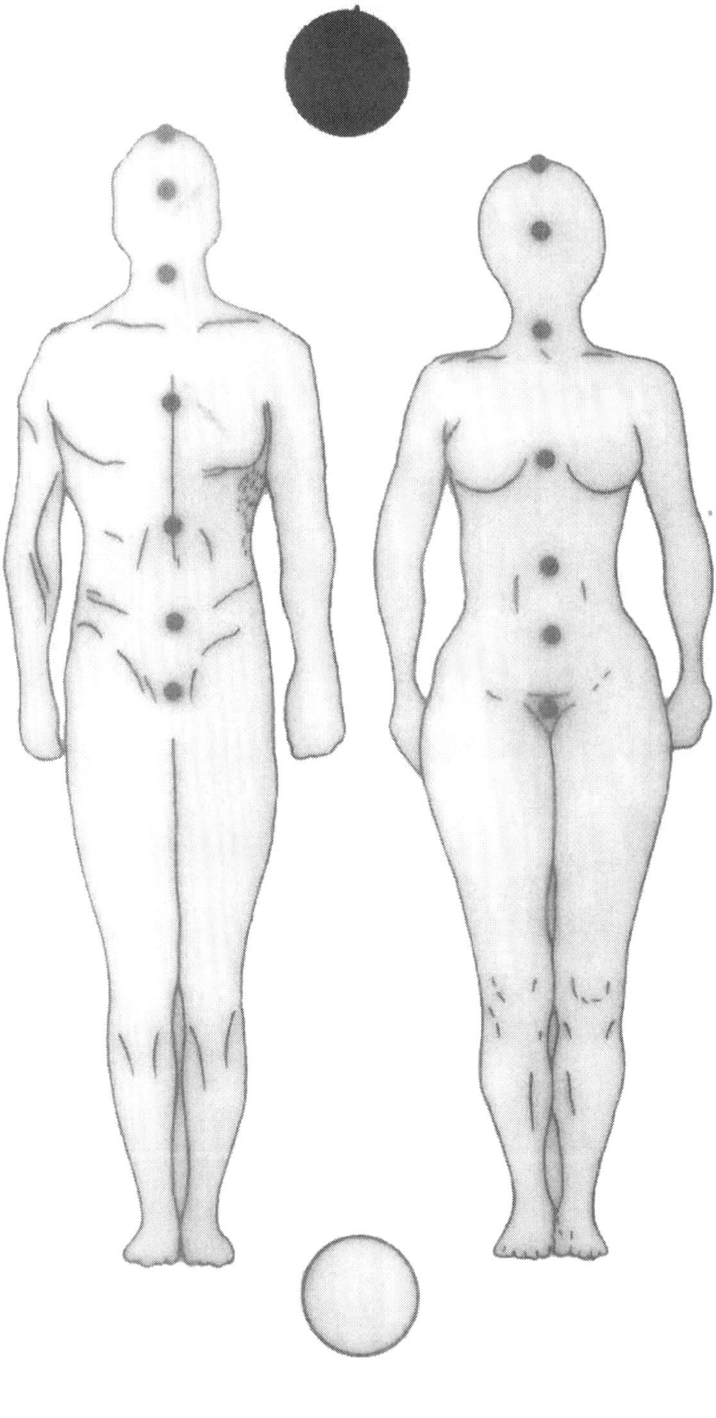

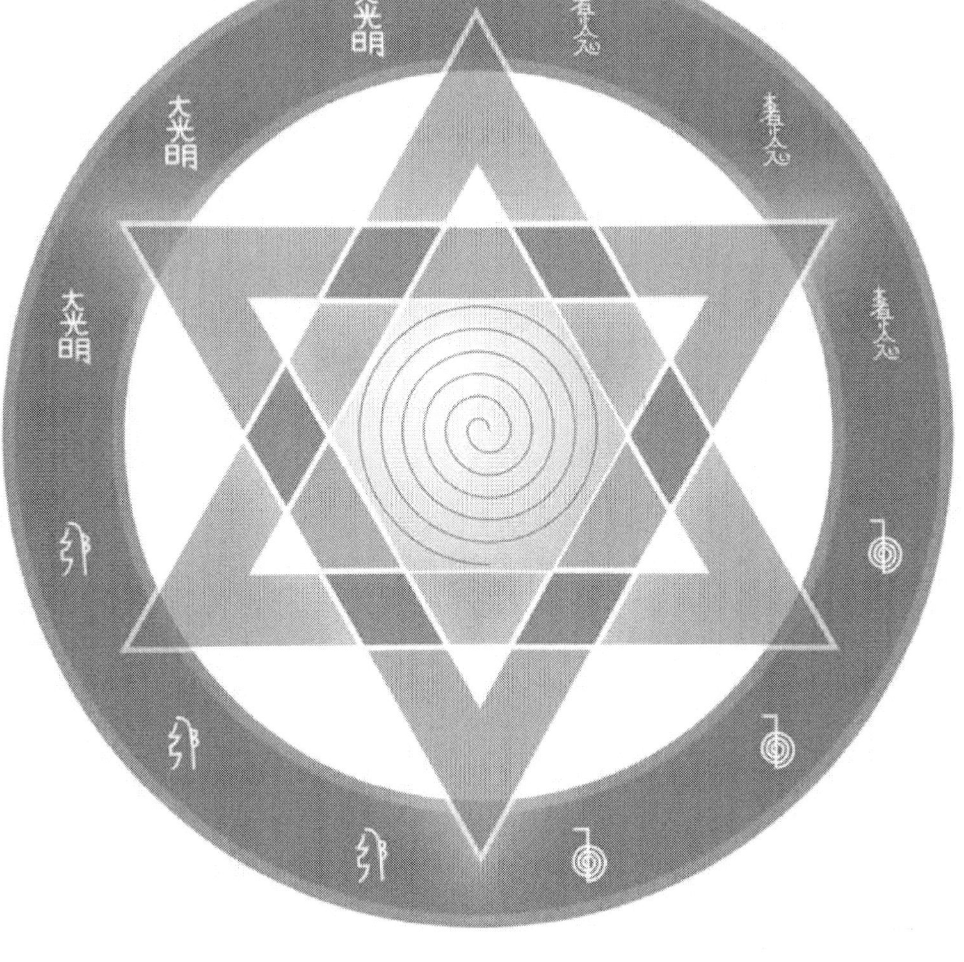
大光明
大光明
大光明

TÉCNICAS DIVERSAS PARA USO EM TODOS OS NÍVEIS

1 Exercícios para aumentar o fluxo de energia nas mãos

Com este 5 Exercícios Simples você aumentará sua sensibilidade.

1.1 Esfregar as mãos

Junte suas mãos em formas prece e esfregue-as por 15 a 20 segundos

Afaste as mãos por uns 10 cm e perceba como está o fluxo energético de suas mãos

Esfregar as Mãos

Essa técnica estimula a circulação energética dos chacras das mãos.

1.2 Estimular o Chacra das mãos com os Dedos

Com sua mão dominante (quem for destro é a mão direita) junte os todos os dedos;

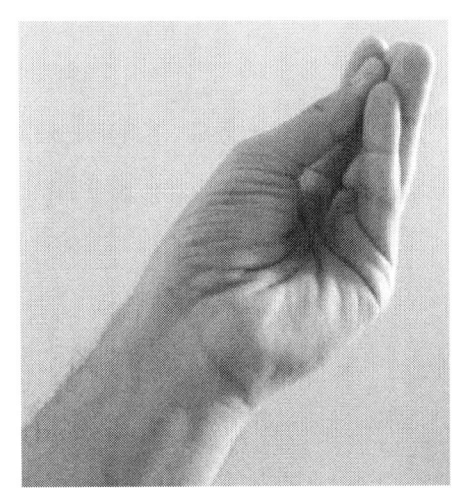

Imagem tirada da internet

Dedos unidos

Com a ponta dos dedos unidas, esfregue-os vagorosamente na outra mão, fazendo círculos no sentindo anti-horário.

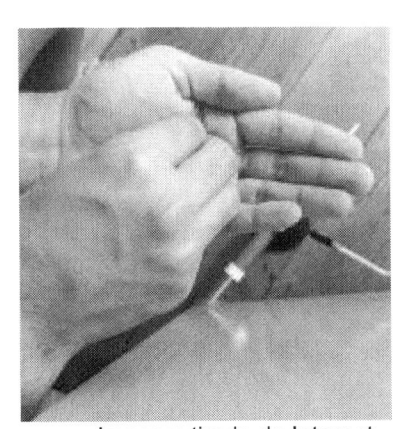

Imagem tirada da Internet

Esfregue os dedos unidos na outra mão, fazendo círculos no sentido anti-horario

Essa técnica tem como objetivo abrir os chacras das mãos, deixando-os mais sensíveis.

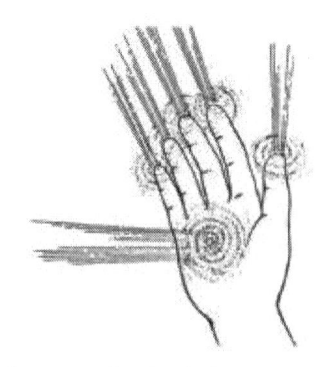

Imagem tirada da internet

Chacras das mãos

1.3 Exercício 3 – Balançar as mãos

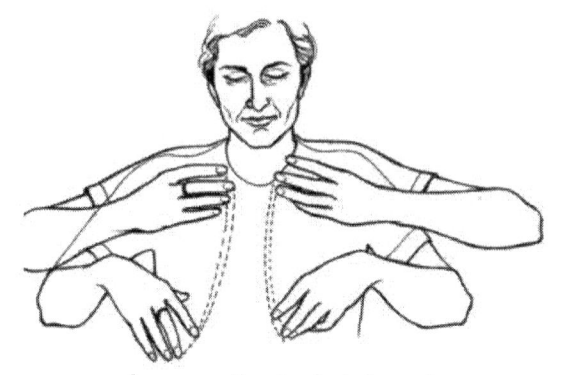

Imagem tirada da Internet

Balançar as mãos

Coloque suas mãos na altura do peito;

Movimento as mãos para baixo e para cima com movimentos rápidos por 15 a 20 segundos.

Esse exercício tem o mesmo objetivo do exercício anterior, realizando essas técnicas diariamente sua percepção energética ficar mais aguçado em pouco tempo.

2 Técnica para alinhamento dos 7 principais chacras

Coloque sua mão dominante no chacra coronário (topo da cabeça) e sua mão não-dominante no chacra básico (localizado na região da virilha). E perceba o fluxo energético em suas mãos.

Quando perceber que o fluxo está igual nas duas mãos (o tempo mínimo é de 5 min.) remova primeiro a sua mão dominante e coloque no chacra frontal (centro da testa) e em seguida sua mão não dominante você coloca no chacra umbilical (na região no umbigo).

Siga sua intuição aguarde igualar o fluxo energético.

Retire a mão dominante do chacra frontal, coloque no chacra laringeo, e sua mão não dominante no chacra do plexo solar (localizado abaixo do peito esquerdo).

Siga sua intuição aguarde igualar o fluxo energético.

E por final coloque as duas mão no chacra cardíaco e aplique Reiki por uns 5 min, até sentir que essa região foi totalmente harmonizada.

Essa técnica é muito poderosa, pois alinha os chacras e, com o tempo, aguça suas faculdades psíquicas.

Essa técnica pode fazer sem o uso dos símbolos do Reiki, porem se você ativar os símbolos em cada chacra, a harmonização ocorrerá de maneira mais rápida e harmonioza.

3 Técnica para aplicação de Reiki nos chacras

Podemos aplicar Reiki nos chacras de forma aleatória também, de acordo com nossa intuição.

Sugiro que pela manhã você comece sempre pelo chacra básico, subindo até o chacra coronário, para não correr risco de relaxar muito e dormir.

Durante a noite faça o processo inverso, comece pelo chacra coronário e vai até o chacra básico.

Chacras e suas cores

4 Exercício para sentir a energia do amor incondicional

Já imaginou o que é dizer "Agora vou me ligar à compaixão de deixa-la fluir para mime para o meu semelhante". Experimenta fazê-lo e observa que relação pode ter com sua ligação ao Reiki.

A energia dos sentimentos é também uma energia de cura ligada diretamente à reiki. Ambas são energias positivas, construtivas, apesar de em diferentes frequências.

Ligar-se e deixar fluir amor incondicional é tão importante quanto ligar-se e deixar fluir a reiki.

Para sentir fluir a energia do amor incondicional experimente o seguinte exercício:

Esvazie a mente e permaneça no aqui e agora, sentado ou deitado, relaxadamente.

Ative reiki e deixe a energia fluir por você, saindo pelas mãos e pelos pés.
Sinta como está se sentindo.

Após algum tempo, ligue-se ao seu conceito de amor incondicional (dar sem esperar receber) e deixa-o fluir em você.

Sinta como está.

Ligue-se, agora, ao sentimento de paz e deixa-o fluir em você, saindo pelas mãos e pelos pés.

Sinta como está.

Analise a diferença do que sentiu em cada energia e entenderá a diferença do que é Reiki.

FORMAS DE PROTEÇÃO PARA O TRABALHO ENERGÉTICO
Cilindro de Luz

Imaginar um cilindro de luz protegendo o seu campo áurico, deixando apenas um furo no topo, para receber energia de Deus.

O Cilindro deve conter a cor ou as cores que sua mente intuir.

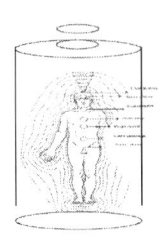

Pirâmide

Acima do Cilindro de Luz, imaginar uma pirâmide de luz, com a cor ou as cores que sua mente preferir.

A pirâmide reforça a proteção e complementa a energia necessária para equilíbrio e bem estar.

Essa defesa psíquica também pode ser feita para um ambiente.

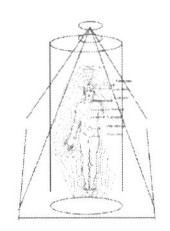

Bolha Dourada

Pode ser usada unicamente para proteger o campo energético.

Também pode ser utilizado sobre o cilindro e pirâmide quando a sua mente intuir.

Essa defesa psíquica também deve ser feita para um ambiente.

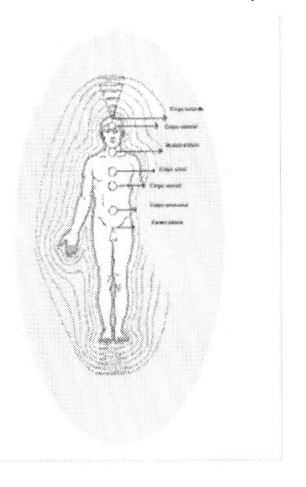

A GRANDE INVOCAÇÃO

Para ser realizada, de preferência, diariamente com suas orações e meditações:
Do ponto de Luz na Mente de Deus.
Que a Luz se irradie para a mente dos homens.
Que a Luz desça sobre a Terra.
Do ponto de Amor no Coração de Deus.
Que o Amor se irradie para o coração dos homens.
Que o Cristo retorne à Terra
Do centro em que a Vontade de Deus é conhecida
Que o propósito oriente as pequenas vontades dos homens.
O propósito que os mestres conhecem e a que servem.
Do centro do que chamamos de raça dos homens.
Que o Plano do Amor e da Luz se realize.
E possa ele selar a porta onde o mal habita.
Que a Luz, o Amor e o Poder restabeleçam o Plano na Terra.
* BAILEY, Alice – The Externalization of the Hierarchy.

IMPORTANTE FRASE DE AFIRMAÇÃO ANTES DE QUALQUER CURA ENERGÉTICA: Peço ao meu ego que se afaste e que venha a mim a energia da humildade.

GRÁFICO ANALISE GERAL

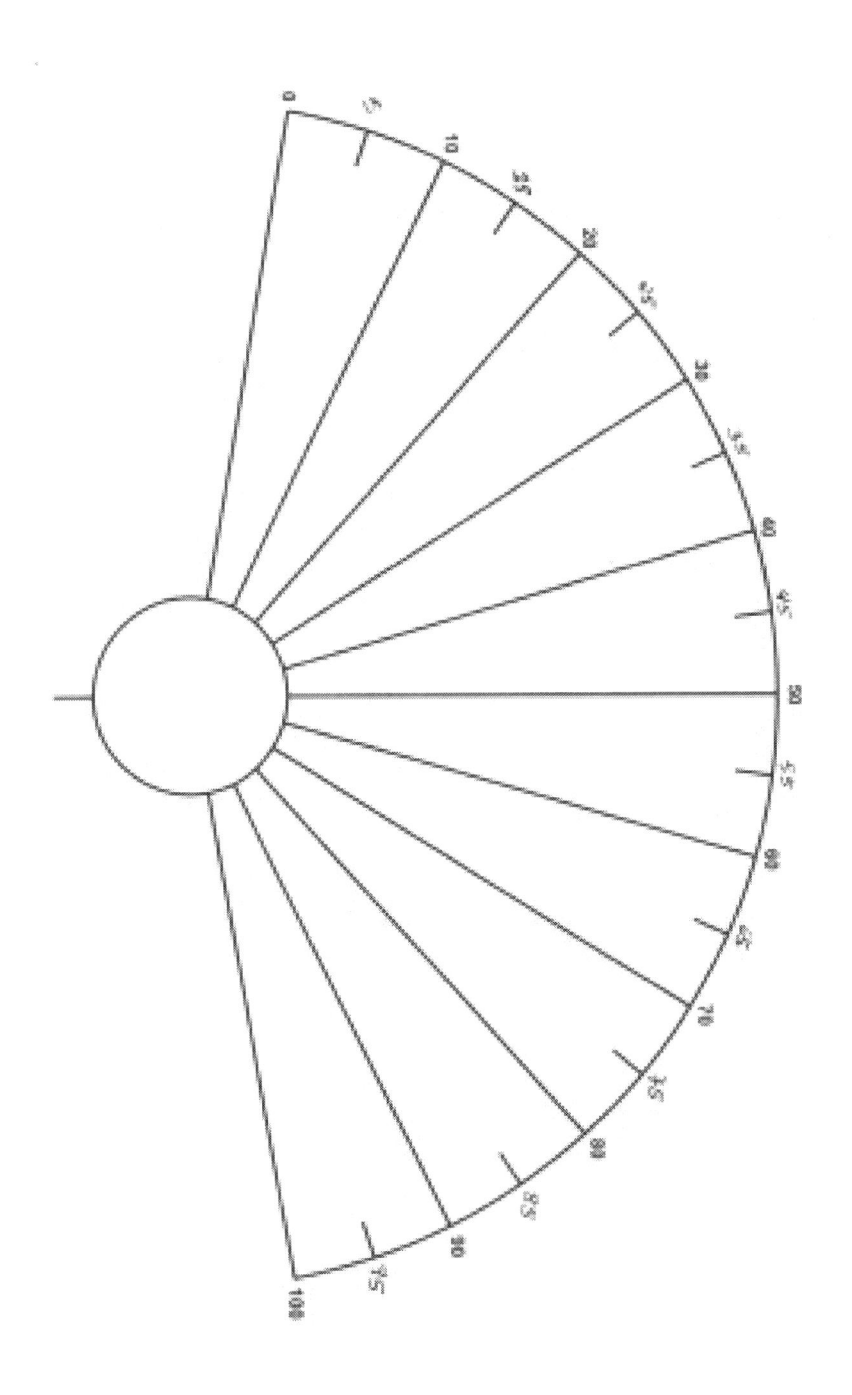

MODELO DE FICHA TERAPÊUTICA DE REIKI

DADOS DO CLIENTE			
NOME			
IDADE	DATA DE NASCIMENTO		SEXO
ENDEREÇO			
TELEFONE		EMAIL	
HISTÓRIA CLÍNICA CONHECIDA			
SINTOMAS			
SESSÃO			
DATA	BYOSEN INICIAL	TÉCNICA USADA	BYOSEN FINAL
DATA	BYOSEN INICIAL	TÉCNICA USADA	BYOSEN FINAL
DATA	BYOSEN INICIAL	TÉCNICA USADA	BYOSEN FINAL
DATA	BYOSEN INICIAL	TÉCNICA USADA	BYOSEN FINAL

DATA	BYOSEN INICIAL	TÉCNICA USADA	BYOSEN FINAL
DATA	BYOSEN INICIAL	TÉCNICA USADA	BYOSEN FINAL
DATA	BYOSEN INICIAL	TÉCNICA USADA	BYOSEN FINAL
DATA	BYOSEN INICIAL	TÉCNICA USADA	BYOSEN FINAL

MODELO DE DIÁRIO DE 21 DIAS DE AUTOAPLICAÇÃO PÓS INICIAÇÃO

DIA	O QUE FIZ	O QUE SENTI	MINHAS DÚVIDAS
PRIMEIRO DIA			
SEGUNDO DIA			
TERCEIRO DIA			
QUA			

QUINTO DIA	SEXTO DIA	SÉTIMO DIA	OITAVA

NONO DIA			
DÉCIMO DIA			
DÉCIMO PRIMEIRO DIA			
DÉCIMO SEGUNDO DIA			

DÉCIMO QUINTO DIA	DÉCIMO QUARTO DIA	DÉCIMO TERCEIRO DIA

DÉCIMO NONO DIA	DÉCIMO OITAVO DIA	DÉCIMO SÉTIMO DIA	A

VI
GÉ

A		
VIGÉSIMO PRIMEIRO DIA		

Made in the USA
Columbia, SC
07 March 2021